ロータリークラブに入ろう！

田中久夫

幻冬舎ルネッサンス新書
227

まえがき

はじめはロータリー（Rotary）についての「解説書」を書こうと思った。でもその難しさを痛感してそれは断念した。次は「入門書」なら書けるだろうと思ったが、やっぱりそれも諦めた。ロータリーの理念、概念、用語などはあまりに難解であることが分かったからだ。

これまで多くのロータリー先達者がいろいろな「解説書」や「入門書」の類いを著してきたが、それらはあまりにも難し過ぎて、ロータリーに入門するどころか、その魅力が伝わらないままロータリーを辞めていく人たちがいる。

もっと易しく「ロータリーの魅力」を伝えられないか？

そこで僕は考えた。

そうだ。自分が経験してきた実際を話すのがロータリーの魅力を「易しく伝える」には最適だと思った。そこで数ヶ月間、これまでのロータリークラブでの体験を思い出してみた。ある、ある。良かった思い出、ツラかった思い出、楽しかったこと、悔しかったこと、いろいろなことが思い出された。それらのうち、いまからロータリークラブに入ろうかと考えている人たちや、既にクラブに入っていてこれからクラブ・リーダーになろうとしている人たちにとって、少しでも助言になりそうな出来事を纏《まと》めることにした。

繰り返すが、本書はロータリーについての「解説書」や「入門書」ではない。すでにロータリーのイロハを知っている人には物足らない一書だ。でも、一介のロータリアンが自分の思い出をあれこれと綴って、「ロータリーの魅力」を書くことも悪くはないだろう。恥を掻くことも覚悟しているし……。

それにしても、ロータリーはあまりにも魅力的だ。一度それを知ると簡単には辞められない。老若男女の誰もがその虜《とりこ》になる。まるで酒かゴルフか恋愛のようだ。

ロータリーには大好きな仲間がいる。人生の目的を学ぶことができる。ロータリーによって自分の人格や品性がどこまで成長してきたのかを知ることができる。

ロータリーの教えに、「入りて学び、出でて奉仕せよ」（Enter to Learn and Go forth to Serve）がある。ロータリーは「人生の道場」だ。それも、親愛なる仲間たちと一緒になって学ぶことができる「大人の学園」だ。

さあ皆さん、ロータリーの扉を開けよう。そしてロータリーを楽しもう。

一度きりの人生、ロータリーに浸ってみるのも悪くはない。

田中　久夫

ロータリークラブに入ろう！

目次

1　ロータリーへの勧誘と入会

人生の分かれ目は突然にやってきた。

いまから四半世紀くらい前のある年（一九九八年）、その五月の連休明けにかねてより親しくしていたMK社長（建材商社）が、僕の営む会計事務所にやってきた。

私を見ると開口一番、

「田中君はいくつになった？」

「四一歳です」

と答えると、

「そろそろロータリークラブに入る齢だね」

「私も入っている高崎ロータリークラブで新会員を探している。簡単な面接があるけど、君ならば大丈夫だろう。私が推薦人になってあげよう」

ロータリークラブ？　何だ、それは？

さらに、

「一業種から一人という決まりがあるけど、君は税理士のほかに大学教授という肩書きがあるから、そっちの職業で入ればいい」

とわけの分からないことを言っている。

一業種から一人だけ？　そのクラブには同業者は何人も入れないのか？　というと最近流行りの異業種交流会の一種ということかな？

「力のある友だちがたくさん出来るよ」

とも言っている。

東京から地元の群馬県高崎市に戻ってきて一〇年ほど経つけど、地元にあまり友人はいない。日々の「雨ニモマケタ　風ニモマケタ　雪ニモ夏ノ暑サニモマケタ」不良生活から脱けられるかもしれないかな？

「絶対、入って損はないよ」

「言ってくれるなあ」

と思った。

でも、もしかしたらこれは楽しいことのハジマリになるかもな？

その後、彼はいろいろなことをレクチャーしてくれた。

①「会合（「例会」というらしい）は週一回[1]一時間、お昼どきに食事をとりながら仲間と歓談する。また世の中の識者を呼んで、さまざまな講話を聞くこともある（これを「卓話」と呼んでいた）」

MK社長いわく、

「誰だってお昼は食べるだろ？　それを皆と一緒に食べるだけのことさ。コスパは少し割高だけどね」

どうも、会費が高いことを暗示しているようだ。

②「『一業一人制』[2]という決まりがある」

彼いわく、

「うちのクラブには税理士さんはすでに一人いるから、君はその職業では入れないので大学教授の方を使おう。会員としての入会資格は、社長や専務のような会社を代表する立場の人でなければ入れないのだよ。大会社の偉い人もたくさんいる。めったに知り合えない

1　週一回の例会開催は弾力化された。月二回以上の開催があれば良くなった。
2　「一業一人制」の決まりは撤廃された。いまではクラブの裁量に任されている。

知人がたくさん出来るよ」

また、

「誰もが入れるクラブではない。選ばれた人たちだけが入れるんだよ」

と高級感、ブランド感を強調した。

③「でも、一度入ったら簡単には辞められない。辞められるのは、本人が死んだときか会社が倒産したときだけだ」

彼いわく、

「ロータリークラブは大人の会だ。あまり若い人はいない。君が四〇歳を超えたと聞いたから誘っている。大人は、自分で決めたことは簡単に覆してはならない。簡単に辞める子供みたいなヤツとレッテルを貼られるとその後の仕事に差し障りが出るよ」

と恐ろしいことを言う。

④「ロータリーに入ったら、会員が果たすべき義務はたった三つだけだ。例会に出席[3]すること、会費を払うこと、機関誌[4]を読むこと。これだけを守れば、君も立派な『ロータリアン』になれる」

どうやら、ロータリークラブの会員を「ロータリアン」と呼ぶらしい。

⑤「ロータリークラブの活動は、地域社会への奉仕活動が中心だ。いろいろなことが経験できるから、成人した大人としてクラブに参加することは意味あることだ。仕事が出来る人は、慈善活動（奉仕）をすることで社会に貢献しなければいけない。君が一皮剥《む》けるチャンスだ」

これは、単純にいい話だと思った。彼が人を誘うときの殺し文句に違いない。しかし、話の端々に「奉仕」という言葉がたくさん出てくる。不思議な言葉だなと思った。

そこまで言うと、彼はカバンから「入会申込書」を出してきた。ここにいますぐサインをしろと言う。まあ、彼は悪い人ではないし、地元に仲間を作っていくのも楽しそうだな、と思って言われるままにサインをした。

彼は満面の笑顔で言った。

「これほど簡単に入ってくれる人には初めて会った。君は決断力がある。きっと君はロータリーが大好きになるよ」

3　例会を欠席した場合には、他クラブに出席することでそれを補填する「メーク」という方法がある。
4　日本における機関誌は『ロータリーの友』という月刊誌がある。

と予言してくれた。

「ロータリーに入ったら、誰に何を言われても答えはコレしかない」

「『ハイ！』か、『イエス！』か、『喜んで！』だけだ」

と面白いことを言って帰っていった。後日、面接の日程を連絡する、と言い残して。

一週間ほどして、クラブの事務局員という女性から面接の日時と場所の連絡がきた。次の月曜日の夜六時三〇分、地元では老舗の料亭UNに呼ばれた。敷居が高そうな店だ。

時間通りに行くと、会員増強委員長という肩書きのYKさん（印刷）以下三人が待っていた。何を聞かれるのか少し緊張したが、早速宴会になってなかなか面接らしいことは始まらない。お互い相当飲んだあと、YKさんがおもむろに切り出した。

「面接は合格だ。二次会に行こう」

少し拍子抜けしたが、その人たちと二次会に繰り出した。

その二次会も終わり、帰り際にYKさんが恐ろしいことを言い出した。

「実は、入会するのには選挙がある。しかも会員全員の賛成が必要だ。誰か一人の反対が出ても入会は認められないのだ」

「えっ、聞いてないよ」

「今日のことは理事会に報告する。その後、理事会の決定を経たあと、会員による選挙になる。選挙には一週間かかる。その期間内に反対が出なければ入会が認められる」

最後に僕の肩をポンと叩いて、

「まあ、大丈夫だよ。選挙が終わったら連絡するから……」

と言われて別れた。

後日、ＹＫさんから連絡があった。結果は合格したとのこと。どんな試験や選挙でも合格と聞けばやっぱり嬉しいものだ。そのとき言われた言葉が、

「七月の第一月曜日の一二時一〇分から例会が始まるから、その三〇分前までに会場に来なさい」

「名刺を箱で持ってきなさい」

「例会中に自己紹介の挨拶があるから準備をしておくように。その挨拶の中には、必ず織り込むべきフレーズがある」

「それは、『伝統と格式のあるクラブに入れていただいて感謝している』という言葉だ」

とレクチャーされた。

そのとき、これから入る高崎ロータリークラブは地元高崎市では最も歴史のある古参の

クラブであること、現在の会員数は一〇〇人を超える大所帯であって、地元の他の五つのクラブのどこよりも大きいことなどを教えられた。

少しだけ、叩かれた肩の荷が重くなったような気がした。そして、ロータリークラブに入るという選択が間違いだったような気もしてきた。

こうして、僕のその後の人生の大半を占めることになる長いロータリーライフが始まった。

2　初めての例会出席

いよいよ、七月の第一月曜日がきた。初の例会に出席する。例会の会場は、地元のホテルGVだ。指示された時間通りに三階の会場に行くと、紹介者のMK社長、YKさんなど数人が出迎えてくれた。

最初に、会長であるNKさん、幹事のYJさんという方との面会があった。NKさんは東京で事務所を持っている弁護士さん、YJさんは紙製品卸会社の社長とのことであった。

NK会長は、

「ようこそ」

と言って、僕に握手を求めてきた。どうやら、この会は握手をすることが挨拶なのだと知った。

彼が言うには、

「僕も、今日から会長になったんだ。一年間よろしく」

えっ、今日から？　しかも一年間だけ？

ここで知ったのは、

① ロータリークラブの年度は七月一日から翌年の六月三〇日までの一年間であること。

……アメリカナイズの年度だ！　カッコいい！

② 役職の任期はすべて一年きりで、会長といえども例外ではないということ。

……民主的だ！　さすがアメリカン！

③ クラブで一番偉いのは会長であり、その番頭役のナンバー2を「幹事」と呼ぶこと。

④ 入会が認められるのは、NKさんのように住所か職場のいずれかが地元かその近隣にあればOKであること。その地に住んでなければならないということではない。

さあ、例会がはじまった。会場には一〇人ほどが座れる円卓がズラリ。総勢七〇人はいるだろうか。席は自由だということだったが、新会員の紹介があるからといって上座の席に通された。そのときMK社長が小声で一言。

「新人は、最初だけは上座に座れるけど、次回からはもう少し下の方に座った方がいいよ。新人のくせに生意気だ、と言う人もいるからね」

おや、案外、和風の序列意識を持つウエットな会員もいるのだな、と思った。

会長や幹事、その他副会長などの役員の席は、ステージの両側に会員の方を向いてセットされている特別席だ。ステージの後方には、国旗とロータリーのマークらしい歯車模様が描かれた旗が下がっている。もう一つ、「四つのテスト」と書かれた不思議な布きれも鎮座している。

時間になった。

おもむろにYJ幹事が立ち上がって言った。

「会長、点鐘《てんしょう》をお願いしま〜す」

NK会長はステージに立ち、目の前にある洋風の釣り鐘のような形の鐘を小さな木槌《きづち》で一回叩いた。

チ〜ン！

心なしかか細くて、でもいやに澄んだ音がした。

その瞬間、会場の皆が一斉に立ち上がる。何だ？　何が起きたんだ？　僕も立つのかな？

国歌「君が代」の斉唱が始まった。僕も唱う。

次に幹事は、

「ロータリーソング『奉仕の理想』斉唱！」

と宣《のたも》うた。何だ、それは？　僕は唱えない。

幹事は、さらに
「『四つのテスト』[5]の唱和！」

と言う。まったくわけが分からなかった。

すべてが終わったとき、皆は一斉に拍手をして座った。

心を落ち着かせるまでに少し時間がかかった。おい、この会は大丈夫か？　変な宗教団体じゃないだろうな？　チンと鐘を鳴らして、皆で一斉に立ち上がり、お題目を唱える。まるで、危ない宗教団体か「大人の幼稚園」じゃないか！

そうこうしているうちにも会のスケジュールは進んでいく。最初に、新会員を紹介すると幹事が発言した。新会員は僕を含めて二人。自己紹介の順番はアルファベット順だ。

……アメリカンだからね。

最初は、同期の一人、ＯＭさんという眼科医。ドモリながらも面白い話をした。

5　ロータリアンの代表的な行動指針。原文はたった二四個の英単語から成る。創案者はロバートJ・テーラー。邦文では、「四つのテスト　言行はこれに照らしてから　一 真実かどうか？　二 みんなに公平か？　三 好意と友情を深めるか？　四 みんなのためになるかどうか？」と訳されている。

彼は、その後二〇年くらい幽霊会員（会費だけ納めて出席をしない会員）を続け、あまり話が出来ないままに退会していった。ＯＭさんは医院を経営しているため、月曜日の一二時一〇分からの例会には出られるはずもない。でも、彼にとってはロータリーに所属していることが社会参加の一つの証しであったはずで、幽霊会員でもクラブに会費では迷惑を掛けていないことと物理的に出席が出来ないこととの板ばさみの中で退会を決意したのだ。仮に、彼にそれを相談する友だちがいれば、また違った答えがあったかも知れない。彼の気持ちまで忖度できなかった同期の僕には少しツライことだった。会費をキチンと納めている幽霊会員の進退扱いは難しい問題だ。彼はクラブに対してどんな気持ちを残して退会していったのだろうか？

次は、僕の番だ。事前にレクチャーされたように、「伝統と格式のあるクラブに入れていただいて感謝している……」というフレーズを織り込み数分で切り上げた。少し緊張したが、失敗はしていないと思う。皆を見回したが、あまり関心がなかったみたいだ。なかに何人かの見知った顔があった。あとで挨拶に行った方が良さそうだ。そのとき握手を忘れないようにしようと考えた。

食事がでた。鰻重だ。新年度のお祝いだそうだ。ビールも並んでいる。あれ、昼間から酒を飲んでも大丈夫なのかな？　新年度のお祝いということで、年度最初の例会だけはアルコールが出るらしいが、僕はクルマで来たから当然飲めない。周りを眺めていると、何人かのお爺さん会員たちが飲み始めている。あとで分かったことだが、その人たちは徒歩で帰れる町中の古くからの商店主いわゆる旦那衆と、送迎のクルマがある大企業の社長さんたちだった。そうか、ロータリークラブというのは、こういったお金持ちで時間に余裕のある人たちが長年築いてきた会であって、僕なんかの新参の若造が馴染んでいくのにはそれなりの時間がかかるのだなと思った。

僕はこの会に付いていけるのかいささか不安になった。ウナギの味は良く分からなかった。

その後、幹事の進行で理事会報告やら出席報告やらニコニコボックス[6]報告やらのわけの分からないことが目の回るスピードで続いて、やっとNK会長さんの二〇分ほどの講話（卓話という）になった。さすがに会長は、落ち着いた話振りで、今年度のクラブ方針の

6　例会場で会員が自由意思で善意の寄付金を入れる箱。家族、会社などの慶事を例会で披露して皆と悦びを分かち合う趣旨。集まった寄付金はクラブの社会奉仕活動に使われることが多い。

説明をした。確か、会員をもっと集めたいとの内容だった。いまになって思い返すと、ロータリーはずっと会員増強をテーマにしてきたんだなと思った。

最後にもう一度会長が鐘を撞《つ》いて会はお開きになった。アッという間の一時間だった。隣に座っていた会員に尋ねた。例会の中で取り上げられていたいろいろな言葉やその意味についてだ。

彼は下を向いてこう言った。

「そのうち分かるよ」

そうか、この人も詳しくは知らないのだ。

例会が終わると、いろいろな会員が寄ってきて名刺の交換をした。顔と名前、名刺も一致しないが、数十枚の名刺が手許に残った。あとで見返すと、それなりの会社の社長さんたちばかりだ。来週までに整理して、早くクラブに馴染まなくては、と思った。

3　親睦委員会（納涼例会）

ある日、電話が掛かってきた。僕の会計事務所の顧問先でもあるＴＴさん（酒販）からだ。

彼はこう言った。

「田中君、高崎ロータリークラブへの入会おめでとう。私も同じクラブの会員だ。今年はクラブでは親睦委員長をしている。来週、親睦委員会を開くから出席してくれ。内容は、今日中にＦＡＸするよ」

さっぱり意味が分からない。ロータリアンの多くは常時、説明不足だ。用件があることだけを伝えて「詳しくはあとで……」という論法が多い。その後、事務局から送られてきたＦＡＸを見ると、「親睦委員会」という委員会の開催通知だった。

書かれていたのは、

ⅰ　会議の日程（絶対、夜だ）

ⅱ　内容（「納涼例会について」と書いてある）

iii　会費三〇〇〇円（バカに安いな。後で聞いたところ、同額をクラブが負担してくれるらしい。総額六〇〇〇円で会合を開くというのがうちのクラブの通例らしい）

iv　会議への出欠席の回答

というものだった。当然、出席に〇を付けて返送した。だって、返事は「ハイ！」か、「イエス！」か、「喜んで！」と教えられたから。

親睦委員会開催日の夜六時三〇分、入会面接に行ったことのある料亭UNに行った。ロータリーの夜の会合は必ず六時三〇分からだ。この料亭の主人HSさんも同じ高崎クラブのメンバーだった。やっぱり、違う飲み屋で会合をすると角が立つからかな？　相互扶助関係を大切にすることからロータリーは始まった、と誰かが蘊蓄《うんちく》を語っていたことを思い出した。

その会合で分かったことは、まず、クラブにはいろいろな委員会があって、新会員は入会後三年間は「親睦委員会」に配属されるということだ。その趣旨は、親睦委員会はいろいろな年間行事（会員相互の親睦を図る行事）を企画してそれを成功させることにある。その計画・実行過程においていろいろな会員の顔と名前を覚えるのには好都合であるからと説明された。まあ、言ってみれば新会員、つまり若いヤツはクラブ運営の裏方に徹して汗をかけ、という強要に他ならない。

親睦を図る目的の各種行事には、夏の納涼例会、秋の月見例会、年末のクリスマス家族会、正月の新年会、春の花見例会、六月の年度末懇親会、という季節ごとに飲み会が予定されている。やっぱり大人の会だから酒席は何より大事ということだ。

会議では、当然酒を飲みながら、納涼例会を盛り上げるためにどういう企画をしたらいいかを話し合った。そして決まったことは、

i　会員の皆さんに、浴衣を着て参加してもらう。

ii　コンパニオンにも浴衣を着てもらう。

iii　出し物（アトラクション）には、ハワイアン・ダンスを踊る若い女性のチームを呼んでダンスを披露してもらう。

……よくこういう人たちを呼べる会員がいるものだなと、ロータリアンの懐の深さと人脈の豊富さに感心した。

iv　親睦委員会のメンバーも事前に、そのハワイアン・チームから指導を受けてダンサーたちと一緒に踊る。

……最後にとんでもない提案が通ってしまった。

事前にということは、何日も前から練習するということか？　仕事もあるしそれは勘弁してもらいたいな、という顔をしていたら、TT委員長はこう言い切った。

「納涼例会の当日、三〇分前に集まって練習すればいい」

要するに、ピチッとした練習成果を披露するよりもヘタクソな踊りを見せた方が会員には受けるだろう、という面白さを選択したのだ。カラオケだって、上手い人が情感タップリに歌うよりもヘタクソが油汗かきながら歌った方が面白いもんね。さすがは、ロータリーの熟達者、いや宴会の達人TT委員長らしい大人の飲み会の盛り上げ方を教えてくれた。

納涼例会の当日はメチャクチャに盛り上がった。裏方に徹した親睦委員会の皆も満足をした。

ここに一つの教訓を得た。何かことを起こすとき、

「これはロータリアンがやることか？」

と言って、小難しく考えて結局何もしないことよりも、とりあえず目標を持って、全員でその実現のために努力をする、目標が達成できたときの喜びは参画する者が多いほどその程度は倍加する、ってことを。そうだ、少年マンガの成功論理も同じことを言っていたな。

少年マンガは、三つの要素が織り込まれれば必ずヒットすると言われている。一つは友情（仲間やライバルの存在）、一つは努力（目標に向けて必死に頑張ること）、一つは勝利（目標の達成）だ。まるでロータリーだ。

とにかく、今回は会員の老若男女のすべてから絶大なる賛辞が贈られた。

いや、そういえばうちのクラブには女性会員はいないということに気が付いた。何か理由があるのだろうか？　今度、古参で優しそうな会員に聞いてみようと思った。

後日、クラブの会員のなかで最も温厚そうな先輩ＨＴさんを見つけ、女性会員不在の理由と、その次第によっては僕の周辺の知人からうちのロータリーに相応しい女性を紹介しますよ、と尋ねてみた。ＨＴさんは地元で一番大きな花屋さんだ。

彼いわく、

①　創立して五〇年が経とうとしているうちのクラブに女性会員がいたことはない。

②　古参の会員のなかには女性会員を忌避する人がいる。

③　ロータリークラブの総本山である「国際ロータリー」（ＲＩ　Rotary International）も女性会員の入会を認めたのは最近（一九八九年）のことだ。

④　時期尚早だと思う。女性を紹介しても君が困るだけだからもう少し待ちなさい。君が

会長になったら、それにチャレンジしてみるといい。

と教えてくれた。

女性問題のハードルはかなり高そうだ。しかも僕が会長になるまで待て、とのご指示。それはずっと先のことだろうから、とりあえずは聞かなかったことにしようと独り納得した。でも、こちらが女性を入れないのではなくて、女性の方がそんなクラブは敬遠しているのかも知れないな、とも考えた。

僕の経験上、いまの大学ではどこでも女子学生の優秀さが傑出している。入学試験、在学中の成績、就職活動への取り組み等、多くの場面で女性の優秀さが際立っている。男女問わず、平等に教育機会が与えられると必ず女性の方が秀でてくるのだ。

ある会社の経営者が、学生の就職をお願いする僕に言ったことがある。

「おたくの大学の女子学生と同じくらい前向きで、同じくらい優秀な男子学生を紹介して欲しい」

4　親睦委員会（クリスマス家族例会）

毎年、年末の最終例会は、夜に行われるクリスマス家族例会だ。この例会には、会員のほかにその配偶者、子、孫までが自由に出席できる。もちろん会費は掛かるが極めて安価だ。日頃、ロータリアンが夜な夜な遊び（いや、ロータリー活動）に出られるのも家族の理解があってのこと。その家族に対する一年に一度の罪滅ぼしの夜間例会だ。

特に配偶者の方々には気を遣う。この日ばかりは配偶者の立場は、王様、いや女王様だ。彼女たちの深層心理に刷り込まなければならないのは、

「ロータリーの会合っていつもこんな子供じみたことをやっているのね。毎晩、ロータリーの会合だって言って遅いけど、それは本当だったのね。さっきは○○さんが先日は先輩にお世話になりました、と言って私に感謝していたわ。これなら安心ね。変な女遊びをするくらいなら、ロータリーの会合に出ている方が健全よね……」

という安心感を与えることと共にロータリー活動に対してさらなる協力（資金と時間）を

引き出すことだ。そのために、親睦委員会は最大級のおもてなしを企画する。

やっぱり一番楽しんでもらいたい対象は、子供やお孫さんたちだ。親睦委員会のメンバーは、トナカイやウサギなどの着ぐるみを着て子供たちを迎える。会長は、サンタクロースの着ぐるみを着てプレゼントを手渡す。プレゼントは、事前に出席する子供たちの年齢、性別を調べ、その好みの品々を用意する。親睦委員会メンバーには比較的若い会員もいるから、自分の子供たちに聞いて全般的に好まれるプレゼントを用意しておく。

子供たちを大切にするのには真面目な理由がある。僕たちが子孫に残せる財産のうち一番大切なモノは何か？　それは経済的な資本ではなくて文化的な資本だとする説[7]がある。小さい頃から善良な環境で育てられ、常に楽しく上質の生活を過したという記憶や体験こそが、子供に残すべき財産であるという説だ。だから、祖父も父もロータリアンであったという人に会って感じるのは、その自然な上品さにおいて僕とはステージの違う生き方をしてきた人に見えるのだ。ロータリアンも三世代くらい続かないと本物にはなれないのかも知れない。

7　フランスの著名な社会学者P・ブルデューの説。総称して「ディスタンクション」と呼んでいる。

一方、配偶者（奥さま）の方々には会員（夫）から内密に調査してもらった嗜好を聞いておいてプレゼントの準備をする。たまには思惑が外れることもあるが、その時は会員自身の事前調査が甘かったのだと言って諦めてもらう。

このとき、力を発揮するのが、会員のなかの某有名デパートＴＳ屋の店長だ。会員のなかには、彼のように有名大企業の支店長が何人かいる。彼らは、社命によりうちのロータリークラブに入会している。本人が転勤になっても後継の店長は社命により必ず入会してくれる。

その意味では、県庁所在地などの都市にあるクラブは、有名大企業（銀行、証券会社など）の支店があるという地理的条件に恵まれているから、会員数、会費収入などに苦労することは少ない。ただ、彼らが地元にいる期間はおよそ三年くらいだから、クラブの枢要な役職には就けにくいという難点もある。彼らを「企業族」とか「転勤族」とか呼んでいるが、決して蔑称ではない。僕らの本心は、彼らが本社に戻り、大企業の役員になっても、僕らとの親交が継続することを望んでいるのだ。なかには社長まで昇り詰めても、以前と同様の親交のある友人もいる。これこそがロータリーの醍醐味だと思う。

話を戻すと、先の店長に頼めば、

「誰それの奥さまは先日このような品物にご興味がおありでした」

とか、

「この年代の奥さまにはこういった品物が流行りです」

といった情報が手に入る。だから、そこの店長は歴代、親睦委員会のメンバーに入ってもらうのだ。

クリスマス例会の予算も破格だ。うちのクラブでは四〇〇万円くらいが相場だ。会場費、食事代（フレンチのフルコースだ）、プレゼント代、お土産のシクラメン代、玉代（コンパニオン費用）、そしてアトラクションに掛かる費用などいろいろだ。そのすべての段取りを親睦委員会が仕切る。親睦委員長の評価が決まる瞬間だ。

奥さまたちから
「今晩は楽しかったわね」

と言われれば合格。

「いつもより盛り上がらなかった」

と言われると、その後しばらくは寂しいクラブライフが待っている。

単なるクリスマス・プレゼント以外にもビンゴ大会による景品の争奪ゲームが行われる。

このゲームの成功は、ひとえにそれを仕切って当選者を決定し、景品の引き渡しを差配する司会者の力量・話術にかかっている。なんと、その役が僕に回ってきた。大学教授だから人前で話すのはお手の物だろう、と無責任なことを言う。成功して当然、失敗すれば何を言われるかわからない。でも、ここはロータリーだ。答えは「ハイ！」しかない。

すべてが終った時、皆の満面の笑顔が見えた。少し安心した。

僕の経験では、いままでの最高額の景品は、赤城山麓の別荘地の土地だった。時価は一〇〇万円ほど。会員の不動産業ＯＣ君からの提供品だった。地元の会員はその当選を逃れようと祈る。その後の始末（税金負担など）が面倒だからだ。当選者は、日本を代表する通信会社の群馬支社長ＨＴさんだった。東京に自宅のある本人は嬉しそうだった。その後、その地に別荘を建てたと聞いた。彼はロータリーが大好きになった。

その後、彼は僕が主催する他クラブへのメーク。[8]（僕はこれを「メーク・ツアー」と呼んでいる）に積極的に参加した。地元の会員はあまり参加しないのに、企業族の会員が進んで参加してロータリーを堪能している。この差は何なのだろうと考えた。初めは、会員

8　自クラブの例会を欠席しても、その年度内に他クラブの例会に出席すれば欠席分を補填するという制度のこと。

本人の性格、見知らぬ他人と瞬時に仲良くなれるか、つまりは明朗な性格であるかどうかだと思っていた。

でも最近の結論はこうだ。メークに参加できない人は自分の社会的ポジション、特に経済的理由やその人が本業で活躍しているかどうかの世間的評判に起因しているのかな、と思うようになった。どこのクラブに行っても自分のことを知っている人は誰もいない、それは寂しいから自クラブ内に留まろうという発想だ。

この思考がクラブの発展を阻害する。そんな輩《やから》がクラブの中核を占めるようになったら、クラブは鎖国状態になる。普通は先輩たちがそれを正していくはずだが、その先輩たちにもその性向（暗い、内向き、陰湿）があるとコトはやっかいだ。

うちのクラブは、長らくそういった状況に苦しんできた。

この状況をなんとか打開したい。そうした思いが僕のその後の長いロータリーライフ・ワークになっていく。

5　国際奉仕委員会

入会から数年後、僕はクラブ内では国際奉仕委員長という役職に就いていた。

国際奉仕[9]とは大げさな言葉だが、うちのクラブ用語で翻訳すれば、

「三月にオーストラリア・ゴールドコーストから姉妹クラブのサーファーズ・パラダイスロータリークラブの一行一五人が来日し、うちのクラブの創立五〇周年記念式典に参加するから、その面倒をみよ」

ということだ。このクラブとの交流は長く、数年に一度お互いが行き来する関係にある。

僕も二度、オーストラリアに訪問した経験がある。

接待は、彼らが成田空港に着いたときから始まる。まず、一台の大型バスを借り切って早朝高崎から迎えに行く。こちらからは通訳者を含めて五、六人の会員がバスに乗り込む。

9　ロータリーの五大奉仕部門の一つ。他国のクラブ等と国際理解、親善、平和を推進するための活動をいう。ロータリーの五大奉仕とは、クラブ奉仕、職業奉仕、社会奉仕、国際奉仕、青少年奉仕である。

もう何度か会った仲間同士なのだから、名刺交換や胸に垂らす名札の類いは要らないと思うのだが、古参会員には必要なようだ。僕は通訳者すらも要らないと思う。お互いがブロークンでも英語で会話をする方が楽しいし、百歩譲っても、彼らが日本に来るときにはこちらは英語の通訳者を用意するが、反対のときには先方は日本語の通訳者を用意するべきだ。これまではこちらが訪問する場合、日本から通訳者を帯同するか、現地で在豪の日本人通訳者を雇ってきた。やっぱり、その不公平感は否めない。

バスのなかで、以前から顔見知りのオージーから得意そうに金色のバッチを見せられた。バッチには、老人らしき人の横顔が刻んである。僕が「分からない」と言うと、彼は驚いたように、

「ポール・ハリス！」

と叫んで、その後は一言もしゃべらなくなった。

ポール・ハリス[10]の意味が分かるまでにしばらく時間がかかった。僕はそのときはそん

10　ロータリーの創設者。他三人（シルベスター・シール、ハイラム・ショーレー、ガスターバス・ローア）とともに一九〇五年にシカゴ・ロータリークラブを創った。

な程度の知識しかないロータリアンだったのだ。いまではそのときの反省を込めて、ロータリー財団への寄付額[11]に応じて授与されるバッチは自分の手許にたくさんある。

成田から、すぐに高崎に戻るわけではない。事前に彼らの希望（世界遺産に行きたい）を聞いていて、初日は栃木県の日光に向かった。日光観光の際、そこにその人しかいないという英会話のできる日光東照宮専門のガイドを予約して観光をする。昼食は栃木和牛のコースだ。長い昼食が終わって、やっと高崎に向かった。

創立五〇周年記念式典の会場は、僕たちの例会場があるホテルＧＶだ。式典は夜六時三〇分開始。華やかに設《しつら》えた会場に彼らを迎え入れる。

高崎クラブの会長は上場企業（機械製造）の社長ＫＳさんだ。英会話は堪能だ。式典実行委員長はＡＳさん（電気工事会社社長）だ。二人とも黒紋付き袴姿で気合いが入っている。ＡＳさんはこの式典成功のためにクラブに自己資金一〇〇〇万円をポンと寄付してくれて、

11 「ポール・ハリス・フェロー」という。ロータリー財団に一〇〇〇ドル以上を寄付した場合、その段階によってバッチが贈られる。

「足らないときには遣いなさい」
と言ってくれた太っ腹の好々爺だ。実行委員長を務めるということは、そういうことなのだと納得した。

残念なことに、ＡＳさんはこの翌年病没された。ご家族からは、記念式典の時には自分の病状や余命は承知していて、自身のロータリーライフの総仕上げのつもりで実行委員長を引き受けたと聞いた。会長ＫＳさんもそれを初めて知って涙した、と話された。ロータリーが大好きだった人がここにもいたのだ。

両国の国旗を掲げ、国歌を斉唱し、地元二八四〇地区のガバナー[12]、地元政財界のお偉いさん数人から祝辞をもらって、やっと宴会が始まった。その間、ずっと同時通訳の必要がある。通訳者には僕の義弟ＡＨを頼んだ。彼は商社勤務のサラリーマンで米国在住歴は一七年になる。祝辞を同時通訳し、日本人が笑う場面では間髪を入れずオージーたちも笑う。すばらしい通訳だった。食事は上州和牛のコース料理。記念式典が終わると、会員の

12　地区内クラブを総括する国際ロータリーの役員、地区の最高責任者。任期一年だが、その二年前から実質的には準備が始まる。

オージー好きのＹＫさん（僕の入会時の面接担当者）が、彼らを自宅に招いての二次会に連れていった。

翌日は、彼らの希望によりバスによる草津温泉への一泊旅行に行った。草津において実行したのは、温泉体験、湯もみの体験、雪の残る観光地の散策など盛り沢山の温泉旅行フルコースだ。

最終日は、バスで軽井沢に行って有名アウトレット店街を散策した後、信州和牛のコース料理を食べさせて終わり。彼らは軽井沢駅から東京行きの新幹線に乗って帰って行った。名残り惜しかったのか、ＹＫさんも東京まで付いて行ってしまったのはご愛嬌だった。

彼らが、僕に贈ってくれた最後の言葉は、

「三日で三回和牛を食べたが、すべて産地の違う美味しい牛肉だった。ミスタータナカの配慮に感謝する」

その一言だけだった。

この経験が僕にもたらしたものは、

「僕は旅行会社を経営できる」

という自信だけだろう。

その後もサーファーズ・パラダイスロータリークラブとの交流は続いているが、僕は一度も参加していない。

6　姉妹クラブ

うちのロータリークラブには、姉妹クラブが二つある。

一つは、オーストラリアのゴールド・コーストにあるサーファーズ・パラダイスロータリークラブ。もう一つは、石川県金沢市にある金沢百万石ロータリークラブだ。

金沢のクラブとの姉妹クラブ締結のいきさつをお話ししよう。

僕がクラブ幹事を務めた年度、会長のＩＴさん（蒟蒻《こんにゃく》製造）と相談して、国内のどこかのクラブと姉妹関係を締結することを年度目標の一つにすることを決めた。どこのクラブにするかについて、僕の提案はこうだ。当時、うちのクラブがある高崎市を通る長野新幹線は五年後に金沢まで延伸することが決まっていた。ＩＴ会長は、僕が勤めるＴＫ大学の卒業生であり、当時はその大学の同窓会長をしていた。これまで何度か一緒に金沢の同窓会支部へ訪問した経験がある。

ＩＴさんに告げた。

「そうだ、金沢にしよう！」

当時、金沢市内には八つのクラブがあることを調べ、一緒に金沢市に出張が合うタイミングを作り、いくつかのクラブを訪問してそのなかの一つに絞ろう、との合意ができた。その後二、三ヶ月のうちに、金沢市長のＹＴ氏を訪ねたり、金沢商工会議所のＭＡ会頭に会ったりしたが、各クラブの詳しい状況は分からない。僕らが気にしたのは、結婚時のお見合いのようにクラブの創立年度や会員数といった外形的なことに拘《こだわ》っていた。話はなかなか進まない状況が続いた。

少し焦り始めた頃、ＴＫ大学の古い卒業生で金沢在住の人から連絡をいただいた。一つのクラブとお見合いをすることが出来るかも知れないとその仲を取り持ってくれた。その紹介者は、自身の高崎での大学時代を懐かしがり、苦境に立たされている僕らの応援をしたいとの気持ちを持っていた。しかも、彼の息子さんは著名な能役者として高崎でも何度か公演をしているとのことで、その関係の不思議な縁に驚くとともに、紹介してくれるというクラブに最後の望みを託した。

彼が紹介してくれたクラブは、まだ設立して一〇年くらいの「金沢百万石ロータリークラブ」だった。会員数は少ないが、ロータリー活動には非常に熱心で、姉妹クラブもすでに日本国内や韓国に数クラブを有しているから姉妹クラブ締結には理解がある、とのことだった。早速、連絡を取り二人でそのクラブの幹部たちとお見合いをすることになった。

先方から指定された金沢駅前の料亭は、その屋号がまさに「高崎屋」だった。僕らの町の名前を冠していた。二人して先方の温かい心遣いに感激するとともに、この締結の話は上手く運ぶことを確信した。案の定、話はトントン拍子に運び、締結の日程までもが決まっていった。後日知ったことだが、当時の高崎市のMY市長は、金沢に出張するたびに「高崎屋」の屋号が気に入って、毎回食事をして帰って来るのだと話していた。

姉妹クラブ締結の日は翌年二月一八日、IT会長の誕生日を僕が選んだ。クラブの歴史にIT会長の誕生日を記録に残したいと考えたからだ。場所は金沢市内の料亭「SG亭」、兼六園の向かいの卯辰山《うたつやま》中腹にある高級料亭だ。

うちのクラブからは総勢三二人、奥さま同伴で乗り込んだ。その際、MY市長も行きたいというので一緒に大型バスで連れていった。高速道路を使っても六時間以上かかった。新幹線が開通すれば二時間程度の移動なのにな、と考えた。六時間を過ごすバスのなかは大宴会になったことはいうまでもない。バスでの宴会が祟《たた》って、締結式に出られない会員が一人いた。

式場は、金沢市のYT市長も同席し、両市長立ち合いのもと、両クラブ会長によって華やかに姉妹クラブ締結の調印式が行われた。

次いで待望の祝賀会が開催された。冬の金沢はカニのおいしい季節、特にズワイガニ(加能ガニ)、そのメスの香箱ガニの美味しさは絶品だ。しかも、日頃食べ慣れていない僕らのために仲居さんたちがせっせとカニを剝《む》いてくれる。僕らはただ食べるだけ。同伴の奥さまたちには大層喜ばれ、会員たちは鼻高々だ。最高の夜になった。

7　親睦委員会（花見例会）

その後も金沢百万石ロータリークラブとの濃密な関係は続き、五年後の三月、いよいよ長野新幹線が金沢駅まで延伸するときがきた。名前は長野新幹線から北陸新幹線に変わったが、僕らにとっては金沢がより近づいたような名称だとして歓迎した。

そのとき、僕は高崎ロータリークラブの会長になっていた。うちのクラブでは、幹事を務めるとほぼ自動的に五年後の会長就任が約束されるという不文律がある。それゆえ、自分の会長年度を華やかなものにするためには、五年前の幹事年度時代から先を見越した計画を立てておくことが求められる。

一番大切な会員増強もそうだ。自分の会長年度に会員増強を果たしたければ、何年も前からその準備（事前の勧誘）が必要だということだ。それを怠った会長には会員増強の果実はもたらされない。それゆえ自分が勧誘した新会員たちによる自分への求心力は生まれないのだ。会長を務めたあとは寂しいパスト会長[13]になっていくのは必然だ。このロジックは日本を代表するロータリアン、元ＲＩ理事のＯＫ氏からも聞いた。ＯＫ氏のクラブでは五人以上会員増強のできなかった会長を「ゴクツブシ」と呼ぶ、という恐ろしいことを聞いた。せっかく会長になるのだから、「ちゃんと準備をしなさいよ」という無言の圧力が就任前の会長を奮い立たせるのだろうと思った。

話を戻そう。僕はその三月末に花見例会を催すことを考えた。

その際、当地区のガバナーはじめ役員、他クラブの会長・幹事、そしていま入会を勧めている新会員候補者など、大勢をお呼びすることにした。もちろん会費はいただくから予算は大丈夫だ。そして例会の目玉は、金沢百万石ロータリークラブの面々を招待して、かつアトラクションとして金沢の花街を彩る芸妓衆を一〇人ほど呼んで唄と踊りを披露してもらうことを企画した。うちのクラブと金沢との関係を宣伝するのに絶好のチャンスだと思った。それよりなにより、金沢の美しい芸妓衆の唄と踊りが見られたら皆が喜ぶに決まっている。しかも金沢からの芸妓招聘の費用は、簡単にいうと時間幾らの世界だ。彼女らが自宅の門を出てから帰るまでの時間に応じてその支払い額が決まる。新幹線があればこそ、その移動時間が短縮されてその支払い額が割安になる計算だ。

13　クラブ会長を経験した人をパスト（Past）会長と呼ぶ。

幹事のＨＭ君（パッケージ製品製造）、親睦委員長のＪＹ君（建設）と予算の算段をした。どうしても一〇〇万円ほど足りない。

二人は言った。

「この計画は無理です。諦めましょう」

僕は、

「わかった。僕に考えがある」

と言って、翌日、ＨＭ幹事を伴って市内の二ヶ所を廻った。帰りの僕のフトコロには一〇〇万円があった。

ＨＭ幹事が感心して言った。

「なるほど、お金はこうやって集めるのですね」

もちろん、花見例会の当日、その二ヶ所の幹部は会場の上座に鎮座していることは言うまでもない。

この日のもう一つのアトラクションは、この数年後プロ野球球団横浜ＤｅＮＡの監督に就任するＡ・ラミレス氏の高崎クラブへの入会式だ。ラミレス氏は片言の日本語でこう挨拶をした。

「ガンバリマッス」

その言葉の本当の意味は分からなかったが、事前に呼んでおいた地元のマスコミ（新聞）は翌朝、大々的にこの例会を記事にしてくれた。ロータリーの公共イメージ向上に大いに役立ったはずだ。

なお、ラミレス氏は横浜ＤｅＮＡ監督に就任しても数年間はうちのクラブに所属していたが、現在は退会している。横浜のどこかのロータリークラブに入ったという情報も届いていない。

花見例会は大いに盛り上がった。金沢の芸妓衆は美しい着物を着たまま、カツラを着けたまま新幹線に乗ってやってきた。引率役は金沢のクラブのＫＧさん（彫金）だ。僕とは酔っ払いながらハグして義兄弟の契りを交わした仲だ。高崎駅に迎えに行った僕は、大奥のお局衆に囲まれたお殿様になったような最高の気分だ。

例会の開会直前、突然ひな壇に整列した芸妓衆による素囃子《すはやし》が始まり、参加者の度肝を抜いた演出は成功した。あとはワイワイガヤガヤ、会場は皆の満足そうな歓声に包まれている。芸妓衆もステージから降りて参加者の間をお酌して周っている。後日、ここで芸妓たちと交流した会員が金沢でお座敷遊びをしたとき、この例会に来ていた芸妓衆に再会して思い出話に大いに盛り上がったと聞いた。少しは皆の役に立てたようで嬉しかった。

僕の方は、この後、新潟市に行って新潟・古町の芸妓衆と飲んだ際にこのときのことを話したら、なぜ隣県の自分たちを呼ばずにわざわざ遠くの金沢から同業者を呼んだのか、とエラク叱られた。それはそうでした。次は新潟の彼女たちを呼ぶことを約束して謝った。

とにかくこういった文化が減る一方の世の中にあって、いまだ芸妓衆が残っている街は羨ましい。彼女たちは、国内最高ランクの絶滅危惧種なのだ。地元の高崎ではいまでは完全に絶滅してしまっている。

地元高崎の芸妓といえば、懐かしい思い出がある。僕がまだ生意気盛りの若造の頃、酒の席で超年輩の芸妓さんにちょっと文句を言ったことがあった。そのとき彼女からこうタンカを切られて、酒の酔いが一遍に醒めた。

「生意気言うんじゃないよ。あたしはアンタの親父さんだって知ってんだよ」

……へえ、親父も意外とやるもんだな。家では仕事一筋っていう顔をしてるのにな、と妙に感心したものだ。

会が終わるころ、新会員候補として招待していた某新聞社高崎支社長のＴＹさんが僕のところへやってきて言った。

「今日のおもてなしには参りました。本当に楽しかった。謹んで貴クラブに入れさせていただきます」

彼の言葉は生涯忘れないだろうと思った。

後日談がある。金沢の芸妓衆にはもう一度、この三年後、僕がガバナーをしたときの地区大会の打ち上げ懇親会でもお呼びした（新潟の芸妓さんとの約束は果たせなかった）。そのときの参加者数はこの花見例会の比ではない。七〇〇人ほどが芸妓衆を見たくてホテルの大会場に集まった。その後、当地区のガバナーに就任する人たちからは、

「自分が主催する地区大会の打ち上げで、あの真似は到底できない」

と言わせるほど華やかなパーティーになった。

芸妓衆は最終の新幹線で帰る際、例の格好のまま駅の土産物ショップでお目当ての高崎土産を物色しながらかなりの時間を費やした。その姿が目立つのと、迫る乗車時間とのハザマで大いに気を揉んだ。何せ時給換算によって彼女たちへの支払い額が決まるので、芸妓衆が新幹線に乗り遅れ一泊したりすると完全に予算オーバーになってしまうからだ。

その後、かれこれ一〇年以上が経過したが、金沢百万石ロータリークラブとの濃厚な交流はいまも継続している。

僕自身は、二〇一九年に石川県知事から「いしかわ観光特使」を拝命するまでになった。特使の縁を作ってくれたのも、ロータリアン（僕と同期ガバナーの名古屋のＫＳ氏）だ。

8　職業奉仕委員会

僕は、クラブで職業奉仕委員会に所属していたことがある。

うちのクラブの職業奉仕活動とは、せいぜい会員の営む事業所の見学程度のことで、たまに会員の市議会議員のツテで市議会本会議を公聴したり、同じく会員の弁護士先生の紹介で最高裁判所の見学や刑務所の見学をするなど、あまり直接には奉仕活動に繋がるものではなく、それが終わったあとの反省会と称した宴会がメインの活動であった。

あるとき委員長から、

「君が教えているTK大学を見学し、ついでに面白い教授が講義している授業を拝聴し、最後に学食で昼食を食べて昔日の学生時代を思い出したい」

という無理難題が提示された。しかし答えは、いつもの「ハイ！」だ。

加えて会員一人につき、女子大生二人を案内役に付け、学内を自由に見学できるように取り計らった。なんでそんな無茶が出来たかというと、当時、僕はその大学の副学長を務めていて教授たちにも無理が効いたこと、女子大生にはロータリアンという人たちは皆、会社の経営者だから君たちの就職活動に役に立つかも知れないよ、との戯《ざ》れ言《ごと》が通じたからだ。

会員には、講義時間割表を渡して自由に好きな授業を聴講してもらい、予め決めた時間にガイド役の女子大生と一緒に学食に集まることだけを決めておいた。しばらくして、皆、自分の子供や孫のような女子大生に引率されて嬉しそうに学食に集まってきた。学食で感想を聞くと、皆さん大好評。ぜひ来年度もこの企画を継続して欲しい、とおねだりする会員（故人SUさん・プラスチック製品）もいた。

……こんなことが職業奉仕になるのかね？　でも毎年度、似たり寄ったりの活動しかしてこなかったから、少しは刺激になったのかな。

ところで職業奉仕とはロータリーでもっとも重要な理念で、ロータリアンになる資格の第一は職業人であることが最低条件とされる。ロータリアンは自らの職業を通じて社会に奉仕することが必要で、そのため職業を有しない者は入会できないのだ。一方、同じく世界的な奉仕団体であるライオンズクラブは、職業の有無とは関係なく、例えば高校生などでも奉仕の心さえ持っていれば参加できる団体であるとの違いがある。

このロータリーの「職業奉仕」という概念をこれまで多くのロータリーの碩学《せきがく》たちが百

家争鳴、タテからヨコから、オモテからウラから、明確に説明する答えを導き出そうとしてきたが、これまで誰もが納得する解答にはお目にかかっていない。

さらには、最初にロータリーの基礎に「service」を据えたのは、アーサーF・シェルドン[14]だということは知っているが、大体、「serve」、「service」の和訳でさえ、「奉仕」では納得しない向きが多い。僕は、これを単純に「貢献」と訳すべきだと思うが、それでもすべての状況に当てはまる訳語にはならない。ついでに言えば、「忠恕《ちゅうじょ》」という語も僕のなかでは有力な訳語なのだが、あまり賛成する者はいない。

僕は大学の授業で、一度、ロータリーのことを何も知らない学生たち約三〇〇人に対して「service」の和訳を試験に出したことがある。一番多かったのが「貢献」であり、「奉仕」と訳した学生はほとんどいなかった。日本のロータリーもその和訳において、もう少し一般受けするものを考えた方が良いのかもしれないと感じた。

8　職業奉仕委員会

14　初期ロータリーの指導的人物

9　ロータリーにとって大切な概念「職業奉仕」

「職業奉仕」の意味を探るために、一旦、時間《とき》を戻そう！

ポール・ハリスがロータリーの創設を考えていた二〇世紀初頭のアメリカ・シカゴの世情は、禁酒法施行のもと、アル・カポネのようなギャングが台頭し、世間一般に商業道徳の欠如は著しく、かつ不正行為が横行して、拝金主義が支配する社会情勢であった。

それに対峙し正義を守る立場の青年弁護士ポール・ハリスは、職業従事に対してどのような思いを持っていたのだろうか。

僕は、彼の持つ「職業」の基本コンセプトは、当時の状況からは対極にある「勤労」（真面目に働くこと）という単純なことだったと考える。換言すれば、彼の考える「職業奉仕」とは、倫理観を基礎にした「勤労による社会貢献」というのが、もっとも彼の持つコンセプトに近いのではないかと思うのだ。しかも、それはやみくもに利益追求を蔑視することではなかったはずだ。日本資本主義の父・渋沢栄一翁の談話集『論語と算盤』（一九一六年）にいう経営哲学と同じく、「道徳なき商業における拝金主義」と「空理空論の道徳主義者の商業蔑視」を密着させ、現実社会において日常生活を前提とした「道徳に基づいた商業」を目指していたのだろう。つまりは、「道義・倫理といった人の道と利益追求を同時に兼ね備えた活動」を職業の意とする、との思想であったに違いない。

ロータリーにいう「職業奉仕」の英語表記は「vocational service」だ。

和英辞典には「職業」の単語として、profession と occupation と vocation の三つがある。profession の pro には「前に出て」や「人様に向かって」の意味があり、fess には「明言する」とか「公言する」の意味があるので、profession は「高度な専門性を有する知識の高いレベルの職業」を指している。一方、occupation は、occupy が時間や空間を「占める」ことを意味し、「生計を立てるために従事する」職業を指している。イメージとしては会社員のように会社に従属して自らが労働しその対価を得るような職業を指しているのだ。一般的に履歴書の「職業」欄には occupation と書かれている。そして vocation は、「生計を立てる手段の技能（スキル）を職業」とすることを意味し、その語源は voice や vocal という「声」からきていて、神の声や神の思し召しで与えられた「使命」（仕事）、「天職」と訳されることもある。

したがってロータリーにいう「職業奉仕 vocational service」とは、「天（神）から授かった職業を、高い倫理基準を保ちながら、社会に貢献する場として奉仕の理念を実践していく機会」として解釈することが妥当だと思うのだ。

つまりは「勤労」だ。勤労は、訓読みすれば、「労働に勤《いそ》しむ」だ。「勤しむ」は、「つとめる」、「はげむ」、「せいをだす」の意味だ。総じて、「真面目に体力を使って仕事に励む」ことが「勤労」の意味になる。経営の神様・稲盛和夫氏も「物事を成就させ、人生を充実させていくために必要不可欠なことは『勤勉』です。すなわち懸命に働くこと。まじめに一生懸命に仕事に打ち込むこと。そのような勤勉を通じて人間は、精神的な豊かさや人格的な深みも獲得していくのです」[15]と説いている。ロータリーの「職業奉仕」理念に通じる考え方だと思われる。

ヘッセ[16]がいう「各人にとって本当の天職とは、自分自身に達するというただ一言あるのみだ」は、職業は本人にとって自らの倫理律を順守する誓いであることをいい、内村鑑三も「人生にとって一番の幸福とは何か？　それは自分の天職を知ってこれを実行に移す

15 稲盛和夫著『生き方』サンマーク出版　一五八頁
16 ヘルマンK・ヘッセ著『デミアン』新潮文庫　一九一頁

ことである」（鈴木範久著『内村鑑三日録―天職に生きる―』教文社　一九九四年）として、「日々の職務を忠実に実行するなかで、徐々に天から自分に与えられた使命が何であるかが見えてくること、それゆえ人生の本当の目的は『天職』を見つける旅路であるのだ」と示唆している。

シェルドンの講話に有名な「靴屋」の話がある。

「世界中の靴屋が一ヶ所に集まる。靴の製造器具とともに集まる。それが突然の天災で全部無くなったら、世界の人々は裸足で歩くことになる。そのとき社会は、靴屋さんが如何に世の中のために役立っているか、職業を通じたサービス（相手のためになる行為）をしているかが判るだろう」[17]

手許にある文献では、職業奉仕を次のように説明している。

「…職業とは一応は生活の糧を得るための利潤の追求を目的としています。しかし職業は実は人間が社会生活を営むために必要な業務を分担することであり、その報酬として利潤が与えられるのです。…ロータリアンは全部職業人ですから、職業奉仕こそはロータリア

17　一九二一年エディンバラ第一〇回国際大会での講話

ンの基本的生活態度であるといえましょう。…職業奉仕の概念は『ロータリーの目的』の第二項に示されています。即ちそこには、①職業の道徳的水準を高めること、②有用な職業はすべてその価値を認めること、③各ロータリアンの職業を社会奉仕の一つの機会として品位あらしめること、の三点が挙げられていて、職業奉仕とは『職業の道徳性と品位を高め、その価値を認めること』が主目的であると思われます」[18]

職業奉仕について、その意味を明確に定義することは、かくも難しいことだと思い知らされた。自らの不勉強を嘆くばかりだ。

18　前原勝樹・重田政信著『ロータリー入門書　二〇一四〜二〇一五年版』北斗事業出版社　一一三頁以下

10　米山記念奨学事業

日本のロータリーが誇るべき事業に、ロータリー米山記念奨学事業というのがある。「公益財団法人ロータリー米山記念奨学会」と日本のロータリーが協同して行う奨学事業だ。この制度ができてすでに七〇年が経とうとしている。この事業の着想となったのが、日本のロータリーの創始者である故・米山梅吉翁の生前の功績を讃えて、東京ロータリークラブが始めた「米山基金」だ。

奨学金給付の対象になるのは、訪日した私費外国人留学生に限られている。僕らは、彼らが将来有為の人材に育ち、いずれは日本と母国との平和の懸け橋になって、国際親善や国際平和に貢献してくれることを期待している。具体的には、彼らに一年または二年の間、返還不要の奨学金[19]を支給する。その対象者は年間約八五〇人、年間に支給する奨学金の総額は約一五億円という規模で、民間団体による国際奨学事業では国内最大級を誇る。こ

19　支給される奨学金は、大学学部学生には月額一〇万円、大学院学生には月額一四万円である。

れまでにこの恩恵を受けた留学生はおよそ二万二〇〇〇人、その出身国は世界中の約一三〇ヶ国に及んでいる。

特徴的なのは、その事業費のすべて[20]が日本のロータリアンの寄付によってまかなわれていることだ。そのため、ロータリアンはこの事業の維持のために一年間、一人当たり最低一万六〇〇〇円以上の寄付が必要になる[21]。ロータリークラブには、会員に対してお願いする寄付がいくつかあるが、米山記念奨学会への寄付はそのうちの大切な一つである。もちろん支出した寄付金には、税制上の各種特典も認められている。

この事業については、以下のような特徴がある。

① 日本のロータリークラブは約二二五〇あるが、その中の約八五〇のクラブが割り当てられた留学生の支援を担当する。このクラブを「世話クラブ」という。

② 世話クラブでは、受け入れた留学生の相談役となる会員を決め、その会員は一年または二年間、その役を務めることになる。このロータリアンを「カウンセラー」という。

20 ロータリアンと彼らの関連する企業からの寄付金収入、奨学会に贈与された株式等から発生する配当金、預金等の利息などでまかなわれている。

21 日本のロータリアンが九万人の場合を想定した。

③　米山奨学生であった留学生は、大学、大学院を卒業後は「学友会」[22]という組織に入り後輩の支援をする。

僕は、これまで地区の米山記念奨学委員会委員長を三年間務めたことがある。いわゆる「米山《よねやま》」（ロータリアンはこの事業をこう略称する）を知るいい機会になった。

米山は、ロータリーの行う事業のなかで最も分かり易い事業だと思う。事業の内容は簡単だ。ⅰ私費、ⅱ外国人、ⅲ留学生という基礎資格を前提に、ⅳ前年度の地区の寄付総額で決まる奨学生数[23]、ⅴ指定校制度[24]、ⅵ地区米山委員会による選考（書類選考と面接選考）の構成の中から、次年度の奨学生が決定する。その後は、地区内のどこのクラブに世話クラブになってもらうか、その中のどの会員にカウンセラーになってもらうかを、自薦他薦を交えて選考する。クラブ側からもどの奨学生がいいか、国別、性別、大学別などの

22　現在、国内に三三ヶ所、国外に九ヶ所（台湾、韓国、中国、タイ、ネパール、モンゴル、スリランカ、マレーシア、ミャンマー）の学友会がある。
23　年間約八五〇人の奨学生の配分は地区全体の前年度の寄付額実績を第一の基準とする。
24　地区内の留学生を抱える各大学に対し、地区から次年度の奨学生の推薦枠を伝えて、各大学はその範囲内で学内の被推薦留学生を決定する。

希望が提示され、いくつかの組み合わせの中からベスト・マッチングが決定していく。

四月の新学年度から、実際の奨学金給付が開始する。奨学生たちは毎月、世話クラブの第一例会に出席し、例会時間中に会員に対し近況報告をして、その月の奨学金を受け取る。

この一時間でクラブ会員との交流が生まれ、その後さまざまなクラブ行事に参加して、母国と日本との文化や慣習の違いを体験していく。日本のお父さん・お母さんに相当するカウンセラーとの交流も濃密だ。休日には、近くの観光地にカウンセラーの家族と行楽に出かける。食事会に呼ばれ日本の食事を楽しむ。進学や就職の相談をすればカウンセラーは真摯にそれに応え、クラブのメンバーや地区の米山委員と一緒にそれに対応する。まさに一人の子供の親代わりのような存在になる。卒業後、彼らは学友会に所属し、相互の連絡を続けながら交流は継続する。

うちのクラブにＩＹ君という米山大好き人間がいる。彼は何度もカウンセラーを経験し、いまでは地区の米山委員を務めている。彼を囲む米山奨学生や学友会メンバーは、彼のことを親愛と信頼を込めて「オヤジ」と呼んでいる。端から見ていても微笑ましい限りだ。

こういったことを経験したロータリアンは間違いなく米山が好きになる。機会があれば、またカウンセラーになりたいという希望者はたくさんいる。

奨学生の側も同じだ。日本が好きになり、日本の企業に就職して結婚して日本に留まる者、帰国して母国で活躍し、その国の中枢人物となって文字通り日本との懸け橋になっていく者、これまでたくさんの事例を聞いてきた。大変嬉しく思う。

是非、多くのロータリアンに米山のカウンセラーを経験してもらいたい。そうすれば、きっと彼ら留学生たちの真面目さに感動して、米山のファンになること請け合いだ。彼らからは、いまの日本の若者からはあまり感じられなくなったひたむきな生き方、生きる力を感じる。彼らの持つひたむきさは、僕らが若いときに持っていた人生への不安、それに立ち向かう前向きな情熱を想起させてくれる。彼らを応援してやりたい。誰もがそう思うに違いない。

ロータリアンから聞かれることがある。

「なぜ、米山の奨学金は外国人留学生に限るのか？」

「なぜ、日本人の学生には支援しないのか？」

「日本と政治的にあまり仲の良くない国の留学生を支援することは面白くない。……だから私は米山には寄付をしない」

といった疑問もカウンセラーを経験すれば一発で解消するだろう。

最近聞いた一言がある。

「寄付はお金のある人がすることではなくて、心のある人がすることなのです」

名言だと思う。

11 「クラブ」と「ロータリアン」

ところで、ロータリークラブが掲げている「クラブ」(club)という言葉は、かの文豪ウイリアム・シェイクスピアによって造られたと言われている。いまから四世紀ほど前、当時一八歳の文豪の卵は毎日の放蕩生活のなか、村の領主に命ぜられ、彼の子を身ごもった年上の女性と結婚させられる。その後、彼はロンドンに逃亡して戯曲家として勇名を馳せることになるが、ところが有名になればなるほど周囲に人が群れてきて好きな酒もおちおち飲めないようになる。たまりかねた文豪は、居酒屋の主人に断って奥の一室を借り、本当の友人だけを招いた集いの部屋を設けた。

そこで宣言したのが、

「同好の諸君、明日もここに集まろう。古代エジプトのコプト語をヒントにして、われらの集いを『クラブ』と命名する」

であった。こうして「気のおけない同好者の集い」を意味する言葉、「クラブ」が誕生した。

僕たちの組織「ロータリー」も「クラブ」と呼んでいる。ロータリーのスピリッツを共有する気のおけない仲間たちの集いだ。

因みに、「ロータリー」の名称は、集会（例会）を会員各自の事業所で順番に開いたことから名付けられたものだ。

ロータリークラブが出来て間もないころ、アメリカのとある新聞記者[25]はロータリーの創始者ポール・ハリスに取材したのちに、次のような記事を書いている。

「最近、巷に変な団体ができた。彼が組織した団体は奇妙なことに、会員はその団体から何も得ないどころか、善を行うという特権を手にするために会費まで払うのである」

まさに、ここにこそロータリーの真骨頂がある。費用対効果を考えると割に合わないことだ、無駄遣いだ、偽善だ、金持ちの道楽だ、と思われる人もいるかもしれないが、それでもロータリーを愛して死ぬまで会員を続ける人が大勢いる。一体、僕たちはロータリーの何に惹きつけられているのだろうか？

ロータリーの魅力について、それはロータリーによって「人生の目的」を知ることが出

25　一九一九年、Huston Chronicle（国際ロータリー第二八四〇地区・二〇一三〜二〇一四年度地区研修委員会編『ロータリーの基本　改訂第三版』二頁）

来るからだ、と言う人がいる。僕もそれに同意する。

「人生の目的」、すなわち「人が生きる意味」とは何か？　これまで多くの先覚者たちがそれを説いてきた。

新渡戸稲造や内村鑑三といったクリスチャンが言う人生の目的は「品格の完成」にあるという。仏教・真言宗の教えでは、人生の目的とは「心を磨くこと」だと言う。経営の神様と称された稲盛和夫氏はその著書[26]のなかで、人生の目的とは「心を磨き、魂を高めること」であり、「それは生きる目的、人生の意義そのもの」だと言い切る。

ロータリーでは、これらと同義の自分磨きの旅を経験することが出来る。そこに魅力があるのだと思う。

アメリカのある家庭では、息子がロータリーに入ったことを喜び、日本でいうお赤飯を炊いて喜ぶ、という特別のお祝いをすると聞いたことがある。息子が社会に認められて一人前になったお祝いということだ。

また、僕が地区ガバナーになることが決まったとき、先輩ロータリアンの弁護士先生M

26　稲盛和夫著『生き方』サンマーク出版　一三五頁以下

H氏が僕に優しく言ってきた。彼の胸にはいつも弁護士とロータリーの二つのバッチが付いている。彼はこう尋ねてきた。

「君は、この二つのバッチのうちどっちが大切か分かるかい？」

……相手は弁護士先生だ、商売上の弁護士バッチの方が大切に決まっているだろう？

彼は続けて言った。

「弁護士バッチは自分の努力次第で付けることができる。でもロータリー・バッチは誰かの推薦と皆の承認があって初めて付けられるモノなのだよ。だから、ロータリー・バッチは、君が立派な社会人であることを証明してくれる大切な証明書なんだよ」

また、違う機会にクラブの大先輩の内科医WT先生に聞いたことも思い出す。WT先生は、例会においては白衣をスーツに着替えて、その胸にはいつもロータリー・バッチを付けている。

僕が聞いたのは、

「WT先生、うちのクラブの例会は開始時刻が一二時一〇分からですが、それは午前の診察にとって窮屈ではないのですか？」

先生はこう答えた。

「町中には多くの内科医がいるから診療の心配はいらない。だけど、このクラブには内科医は僕一人だ。クラブにとって僕は必要な存在なのだと思う。だから例会日の午前の診察は早めに切り上げて、こうして例会に来るのだよ」

僕の胸には込み上げる何かがあった。それ以来、僕はロータリー・バッチを常に付けることにしている。

因みに、孔子が説いた言行集『論語』（足利市教育委員会編『論語抄』史跡足利学校事務所 一九九三年）には、次の教えがある。

モノゴトの真理を知る大切な教えだ。

「子曰く、之れを知る者は之れを好む者に如かず、之れを好む者は之れを楽しむ者に如かず」（原文）「知之者、不如好之者　好之者、不如楽之者」

つまりは、

「ロータリアンは、ロータリーをただ知る（勉強する・知識を持つ）だけではなく、ロータリーを好きになり、さらにはロータリーを楽しむまでに至ってこそ本物になれる」

ということだ。巷間、ロータリーの歴史やら物語を各種文献や伝聞によって収集し、それを得意そうに披瀝する軽量のロータリーオタクがいるが、皆さんはそんな者に惑わされてはいけない。

知識を得る努力はときに必要だが、大切なのはロータリアンとしてのスピリッツを体得し、保持することだ。不易流行、ロータリーの底流に脈々と流れ続けてきたロータリー精神、それを知って、好み、楽しむことこそが大切なことである。

「ロータリー精神」とは何か？

それは、

「私たちは社会において善良でなければならない」

ということに尽きる。そして、

「自分の有利に振る舞わない、他人を大切にする」

ただそれだけだ。それをロータリーでは、「超我の奉仕」[27]と呼称しているのではないかと思う。なんだか、ゴルフの精神に似ているような気がしてきた。

因みに、およそ三世紀前に生まれたゴルフのルールは、当時はまったくの二つしかな

27　ロータリーの第一標語。原文は「Service Above Self」。因みに第二標語は、「もっともよく奉仕する者、最もよく報いられる」。原文は、「One Profits Most Who Serves Best」、創案者はアーサーF・シェルドンだ。

かった。それは、「あるがままを受け入れる」という公平観（達観・諦観）と「自分の有利には振る舞わない」という公正観（自厳他寛《じげんたかん》）だ。まさに紳士のスポーツといわれる所以がここにある。

12　ロータリーの効用

アラカンどころか還暦を過ぎてだいぶ経つ僕だが、最近の運動はもっぱらゴルフのみになってしまった。その回数も、昨今の気候の激変にやられてめっきり減ってきた。冬はグリーンが凍るほど寒い、春は花粉が怖い、夏は頭が焦げるほど暑い、そして最近ではコロナが……、全部イヤなのだ。

一時は、年間三〇回を目標にゴルフに励んでいたが、最近ではその五分の一程度になった。年間三〇回という回数は、一年のうち一ヶ月は山の爽やかな空気を吸って、ストレスフリーで健康的な一日を過ごしているということだ。

また、その際に同伴する仲間たちは、家族以上にお互いの秘密を知る親友となった。共通の趣味で結ばれた友人たちと昼間のゴルフが終わったあとのいわゆる一九番ホールは大いに盛り上がった。そこには、上場企業の経営者から大物政治家までが集い、お互い立場を忘れて、まるで中学生・高校生くらいのレベルまで精神年齢を下げての実にくだらない話で夜の政治経済を楽しんできた。知らないうちに、これが日常生活において大切な効果

〈良好な人脈形成〉を醸成していたのだ。

それが、いまでは年間五～六回程度のお付き合いゴルフに減り、また一緒に楽しんだ先輩たちの多くが会社からの定年退職やさらには鬼籍に入るなどして、一九番ホールのメンバーも様変わりしてしまった。フト気がついたら大切な人脈にヒビが入っていた。人間の付き合いは老若男女問わず幅広い範囲に手を伸ばしておくことが大切であって、偏った付き合い方をしているとチョットした変化ですぐに仲間が減ってしまう。

僕の場合、仕事において自分より年輩の人たちが、僕を実力以上のレベルまで引き上げてくれていたために、最近のゴルフ回数の減少、人脈の涸渇は、当然、生活や仕事にも影響が出てくるようになってしまった。つまりは、自分より年齢が上で実力もある人たちとの付き合いの方が仕事の充実には即効性があるものの、そういった環境はあまり長続きしないことに早くから気づいておけば良かった。自分が先輩たちから可愛がられ実力を養生しているときにこそ、自分より下の世代にも種を蒔いておいて、いずれ自分の力が衰えたときに備えておくべきだったのだ。

ここにロータリーの効用がある。ロータリーには家族以上の仲間がいる。ロータリーの数ある逸話のなかに次のような話がある。

あるロータリアンが死期にあるとき、それを悲観する妻にこう声を掛けた……。

「妻よ、私が死んでも何も心配はいらない。クラブの仲間たちに相談すればすべてを解決してくれる……」

年齢、性別、国籍、宗教、経済などの諸要素とは関係なく付き合える仲間、その集合体がロータリーだ。できるだけ若い頃から参加して、諸先輩と付き合い、徐々にその仲間となって、クラブの指導者になっていく。その後、クラブを超えて地区に顔を出すようになり、クラブでは得られないさらに広範囲の仲間を作っていく。考えるとなんて楽しいクラブだろうか。老若男女、誰もが楽しめるクラブ、それがロータリーだ。

こう考えて僕は六〇年余生きてきたが、最近、尊敬する故・前原勝樹パストガバナー[28]の書かれた文章を読む機会があり、目から鱗が落ちる思いがした。前原氏の書かれたポール・ハリスの逸話を紹介する文章には、

「ポール・ハリスは自分の創ったシカゴ・ロータリークラブの例会に出席すると童心に戻

28　過去にガバナーを経験したことのある人。過去にクラブ会長を経験したことのある人は「パスト会長」と呼んでいる。

ることが出来る、と言っておりました。ある先輩は例会の一時間は神様になる時間である、とも言われました。それはロータリーの例会には競争者はおりません。警戒する人物もおりません。その理由は職業分類によって一人一業ということであるので同業者はおらず、目上の人も、家来も子分もおりません。競争心も警戒心もなくなった時、人間はその本性を取り戻して善意が溢れてくるのです。即ち、ロータリーの例会は、その職業業務の忙しさにかまけ、緊張の連続のために善意を発散出来にくい実業家、専門家の埋もれたその善意を発掘し、高揚し沸き上がった善意に奉仕という方向づけを成し、これを実践に移す勇気を与えるのを目的とした会合です。もし、善意というものを抜きにしたら全くロータリーとしての特色を失ってしまうことになります」[29]

とあった。感動した。

ロータリーには素晴らしい「例会」がある。ロータリーの例会は、皆が童心に返って、お互いをファーストネームで呼び合い、心の洗濯をする時間なのだ。先日婆婆でイヤなことがあった、仕事上で難しいことが生じた、家庭内で面倒が起きそうだ、それらを忘れて

29　前原勝樹パストガバナーのガバナー当時の公式訪問での挨拶文から抜粋した。

リフレッシュする場が例会なのだ。例会に来た友人の顔を見て安心する、素晴らしい卓話も聞いた、よし、今週も頑張ろうと決意してまた娑婆に向かっていく、これが例会なのだ。

例会は、「人生最後の友人」と触れ合える慰安の場でもあるのだ。

ところで、僕のこれまでのロータリー経験を通じて、ロータリアン全般について一番感じたのは「ロータリアンの活力」だ。ロータリアンは皆、性格明朗、快活で人柄の良い人たちばかりだ。やっぱり、一つの会社（組織）を率いてきた人たちだ。自ずと、自信と活力、社員の統率力、他人への説得力、また危機への管理・耐性、など経営者にとって必要不可欠の資質を備えている人たちであることを知った。そういう人たちが好んで集うロータリーには底知れぬ魅力があるものだな、との感銘を持った。

僕は、その基礎には日本の基本的教育の充実があるからだと考える。

僕の仕事は大学教授だ。したがって、日本の教育事情にはある程度の認識があるつもりだ。大学進学率が五〇％を超える現在では、進学先を選ばなければ、希望者の全員が入学できるだけの定員が用意されている。日頃、大学生の学識レベルが云々されることがあるが、どんなレベルでも日常生活に困る程度の劣悪なものではない。昔からいう、読み、書き、ソロバン程度の基本は皆マスターしている。今では、それに代わり、読みは「語学力」(英会話力)、書きは「コンピュータ・リテラシー力」(PC操作力)、ソロバンは「会計力」（簿記能力または経営判断力）が必須アイテムになっている。僕たちの時代に比べれば、遙かに地力はアップしていると思う。

僕が務めるTK大学の古いOBたちに冗談まじりに言うことがある。

「貴方たちが、いまからもう一度この大学を受験しても、きっと合格できないでしょう」

これは、日本のどの大学でも言えることだ。それくらい日本の基本的教育水準はアップしている。

この基本的教育の蓄積が、人間を作り、性格を作り、会社（組織）を作り、そのリーダーに収まっていく。その水準が良質であればさらにそのレベルが上がり、そのレベルに叶った人々の集合体が日本のロータリーを構築しているのであると確信している。

13　会員増強の障壁

僕が、クラブ会長になって一番腐心したのが会員増強だった。

会長になる前年度の末、クラブの会員数は六四人にまで減少していた。地元高崎では最も古いクラブであったが会員は減る一方だった。その一五年ほど前に僕がクラブに入ったときは一〇〇人ほどいたのが、どんどん減少していった。他方、高崎市内の他の五つのクラブは順調にその数を伸ばしている。このまま放置していては、早晩うちのクラブはダメになる。まずはその原因を調べよう。

「なぜ高崎クラブは選ばれなくなったのか」

と幹事のＨＭ君、会員増強委員長のＮＹ（土木）君、親睦委員長のＪＹ君などを中心に何度か話し合った。

思いつく原因はいくつかあった。そしてその原因は、その後、僕が全国に会員増強関連の講演に行くようになって気づいたことと同様のこと、つまり多くのクラブに共通していることだった。

いろいろなクラブが抱える会員増強の障壁となっている原因とは、主に次の四点だ。

① シニア会員自らが自覚するべきことを正しく認識していないこと

特に会長を経験したシニア会員は、もうクラブ内の運営については卒業した気分になって協力的ではなくなることだ。クラブのことより、自分のことが優先するとの考えを持つ人がいる。

「俺はいままでクラブに充分に協力してきた。もういいだろう」

という感覚だ。でも、クラブを辞めようとはしない。ロータリアンとしてのステータスは保持したいのだ。

特に、各種の寄付金やニコニコボックスへの協力などには極めて消極的で、若手に対する手本になっていない。反対に、どうでもいいような些細なことには口を挟んで、良好なクラブ運営を阻害する場面がある。若手が望むのは、金は出すが口は出さない好々爺が一番ありがたい。単に馬齢を重ねるだけの口うるさいジイサンが一番やっかいなのだ。

「人間、齢をとればとるほど枯れて無欲になる」

というのは若い連中が勝手に勘違いするところで、齢をとればとるほど性格が悪くなり物欲が増す。老人はそれまでの人生の集大成だから、立派な人は立派になるが、悪い奴はますます悪くなる。その人の性格や生活が滲み出るのだ。若手の手本になろうという自覚を持った先輩ならば、若手からの信頼は自然と厚くなり、例えばいわゆる部活（特にシニアが好みそうな「釣り部」など）では部長に祭り上げられて若手との楽しい時間が共有できることになる。シニア会員は、自分の身の置き所、若手から可愛がられるコツを早く会得した方が賢明なのだ。

僕もすでにその年齢層に入っている。一生懸命、若手の会員たちからハジカレないように自省していくつもりだ。

② 新会員へのフォローが不足していること、ロータリーへの理解浸透（教育）について前向きに取り組んでいないこと

新会員への対応が大切であることはすでに書いた。新会員は、近い将来その周辺の友人たちを連れてきてくれるキーマンであり、その反面、彼らを失う（クラブを辞める）ことはその周辺の新会員ターゲット層を根こそぎ失うことを意味する。彼らが、クラブに居続けることは有意義だと思える環境を作ること（啓蒙と啓発）が大切なのだ。それには、彼らの紹介者やクラブのシニア会員、会長や幹事の役員たちのバックアップ（フォロー）が必要不可欠なのだ。

また彼らに対し、単にお客様のようなおもてなしをするのではなく、彼らがロータリーを知り、好きになり、楽しむようになれる教育を提供することが大切なのだ。それは本来、彼らを迎え入れたクラブが責任を持って取り組むべきことなのだが、それが出来るクラブは少ない。彼らはロータリー知識を得る機会が与えられることなく、ただ例会に出席し、ポツネンと昼メシを食べて帰るだけのロータリー活動になってしまう。これでは続くはずもない。

そこで、地区がクラブの代わりに新会員セミナーを開くことが必要だ。各クラブから新会員を一同に集めてのセミナーは、同時に同水準のロータリー知識を獲得できることも効果的なことだが、彼らのなかに、所属するクラブは違ってもお互いロータリーで頑張ろうとする親近感、仲間意識が共有されることになる。クラブで感じていた彼らの寂しさが解消されるのだ。

また、その講師の人選も大切だ。講師の選び方は、自分の知っていることを「話したい人」よりも、自分の話を「聞かせたい人」を選ぶことだ。「話したい人」は聴衆の耳を傾けさせる工夫をしない。単なる知ったかぶりのおしゃべりだ。一方、「聞かせたい人」は自分の話を聞いてもらうための努力をする。話のなかに具体的なエピソードを交えるなどして、聴衆が頭のなかに情景を描けるようなシチュエーションを作り上げる。最近、商品販売（マーケティング）の世界では、「現代はモノ（物）よりコト（事）が大切な時代だ」と言うが、それはモノ（商品そのものの価値）よりもコト（その商品を購入したことで得られる体験）が重視されるという販売手法をいう。

ロータリーでも、コトを重視した話法が重用されるのだ。総じて、それを話術というのかも知れないが、作家の故・井上ひさし氏が言った「難しいことを易しく、易しいことを深く、深いことを面白く」話せる人物が適当だと思われる。

どこの地区にも話術に長けた人材がいる。うちの二八四〇地区ではクラブからの依頼によりパストガバナーをはじめとする地区役員を派遣し、卓話の出前サービスを提供している。僕にも年に何度かのご用命がかかる。

③　その年度の会長、幹事にヤル気がないこと

会長や幹事のなかには、会員増強に対してまったくヤル気のない人たちがいる。

小さいクラブで会長が二度目だ、三度目だ、という人ならば仕方がないような気もするが、何とか無難に一年間を過ごせればいいか、というような会長、幹事が率いるクラブでは会員の士気も上がらず、ジリ貧に陥ることは避けられない。

そういう会長たちに会員増強の必要性を説明すると、

ⅰ　いま、うちのクラブは皆で楽しくやっているのだから余計な忠告はいらない。

ⅱ　新しい会員が入ると、いまのクラブの和が乱れるかもしれない。

ⅲ　うちのクラブは定員を三〇人と決めているから（三〇人くらいが皆が分かり合える適正なサイズだから）、それを超える会員は入れない。

などと非難されることがある。

実際のケースに、このⅰからⅲまでが揃っていたクラブがあって、その一〇年後に僕が地区ガバナーとしてこのクラブを公式訪問した際には、そのクラブの会長が暗い顔をして、「あの時、田中さんの話を聞いて会員増強に励んでおけば良かった」と述懐していたのを思い出す。

一〇年経てば会員の平均年齢は当然一〇歳増え、皆がお爺さんになってしまったクラブにいまから入る若い人はいない、皆で楽しんでいるうちに、そのクラブは若い人に対して魅力を失ってしまったのだ。若い人にすれば、あえてこのクラブを選ばなくても、近隣にもっと魅力的なクラブはたくさんある。ロータリークラブの「浦島太郎」物語だ。

④　女性会員を入れられないこと

全世界のロータリアンのうち女性会員の比率は二三・七%、日本のそれは七・〇四%である（二〇二〇年六月）。日本のロータリークラブは女性会員の占める割合が圧倒的に少ない。

その傾向は、多くのクラブを回っていて気づくのだが、どちらかというと地域のなかで老舗といわれるクラブに多いようだ。ひどい話になると、大企業の支店長が入っている老舗クラブでも、その支店長に女性が転勤してくるとその女性はクラブに入れず、数年経って次の支店長が男性になるまで待つ、というところもあると聞く。その理由を聞くと、前述のiからiiiまでの理由の女性バージョンを言う。女性を入れるとクラブの和が乱れるという理由だ。特に、シニア会員にそのような気持ちを持つ人が多いようだ。

いまの時代、女性が会長になるクラブ、女性がガバナーになる地区、女性がRI会長に就任[30]する時代だ。そんなとき、女性会員も入れられずにロータリアンを気取っていても、それは単なる「時代遅れ」、「認識不足」、クラブにとって頭の固い粗大ゴミに過ぎない。

30　二〇二二～二〇二三年度に初の女性RI会長が誕生する。ウィンザー・ローズランド・ロータリークラブ（カナダ）のジェニファーE・ジョーンズ氏だ。

そんなクラブは、女性の側からも願い下げのクラブだ。

ロータリークラブのなかで女性を歓迎するところはたくさんある。彼女たちと話すと、「女性会員」と括《くく》られること自体に違和感を持っているようだ。当地区に、「女性ネットワーク委員会」という委員会がある。女性会員を増やそう、女性同士の親睦・人脈づくりに役立てよう、との意味合いで作られたものだが、多くの女性会員には評判が悪い。女性だけを蔑視した待遇だとの意見だ。

僕がガバナーエレクト[31]（GE）のとき、アメリカのサンディエゴ市で世界中のGEが集められて「国際協議会」と称する会合（ガバナーになるための一週間のカンヅメ研修会）があった。多くのGEたちは自分の配偶者（パートナー）も随伴しての勉強会だ。実際、パートナーたちだけを集めたセミナーもあって、パートナーたちにロータリーの知識を得てもらい、GEの活動に協力を促すとの狙いもあるようだ。

その会場で、赤ん坊を乳母車に乗せて、金髪の女性の後を付いていく外国人男性に出会った。年の頃は三〇歳代半ばに見えた。彼に、

31　ガバナーに就任する直前一年間のガバナー候補者の呼称。

「君はどこの国のエレクトだ？」

と聞くと、彼はこう答えた。

「エレクトは彼女の方だ。僕は単なる付き添いだよ」

改めて周りを見渡すと、女性ＧＥがたくさん目についた。

最近、ＲＩも「ＤＥＩ」方針を主張している。ＤＥＩとは、Diversity（多様性）、Equity（公平性）、Inclusion（解放性）と訳されるロータリーの方針で、「ロータリーは多様性を尊重し、年齢、民族性、人種、肌の色、能力、宗教、性的志向、性同一性などにかかわらず、あらゆる背景を持つ人々の貢献を称え、そのような人が参加できる多くの機会を持てるような文化、すなわち多様的で、平等で、包容力のある文化を醸成する」ことを宣言したものだ。このような方針のもとにあるロータリーで、いまだ女性会員云々を問題にする会員やクラブこそが問題外だと誹《そし》られることに気付いて欲しい。

14　高崎クラブの会員増強の実践事例（その１）

僕がクラブの会長になって会員増強のために実践してきたことはいろいろあるが、その多くは前章に書いた会員増強の障壁の原因の①から④を解消するためのものだった。

結果を先にお話しすると、僕がクラブ会長を務めた一年で、クラブの会員数は六四人から一一五人になった。つまり五一人の純増に成功したのだ。特に、女性会員の数はゼロ人から七人になった。ここから高崎クラブは増加に転じ、五～六年経ったいまでは会員数一四〇人（うち女性会員一四人）に成長している。うちの地区ではナンバーワンのビッグクラブになった。またクラブ幹部の多くは、僕の年度で入ってきた会員が務めるまでになった。そのうちの何人かは地区にも出向し活躍している。そのキッカケを産み出すことができて僕は本当に嬉しく思っている。

さて、会員増強のために実践した諸方策を説明しよう。

①　毎月開催した「夜間・会員増強会議」

ここでのポイントは、まず会議を毎月一回必ず開いたということだ。これにより、会長の会員増強へ取り組む本気度が会議の構成員に伝播される。

僕は常に言った。

「僕はこの一年間、会員増強に本気で取り組む大バカになる。君たちはせめて小バカになってくれ」

会議の開催時間は、皆が集まりやすい夜間にした。もちろんアルコール付きだ。その費用はすべて会長の自腹だ。クラブの予算の範囲外で行う秘密の会議というシツラエを採ったのだ。会議の構成員には、委員長ほか五～六人、すべて僕より若く、巷に友人の多そうな性格明朗な人を選んだ。僕の言うことは何でも聞いてくれる、会議の意思統一が図れる最強の軍団を作った。

年輩者を会議から外したのは、年輩者の付き合いの範囲内にはもうロータリーに入ってくるような知り合いは居ないだろうと確信したからだ。自分のことに置き換えてみれば一目瞭然、僕の周りにはこの年齢になって新しいこと（ロータリーに入ろう）を始められる友人はまずいない。新しいことを始めるにはそれなりのガッツ、ヨイショ・パワーが必要なのだ。

ただ、当地区では最近八二歳の新会員が入ったクラブがある。僕の認識を新たにしてくれた嬉しい実例だ。

僕がガバナーに就任した頃のこと。僕がサラリーマンなら六〇歳の三月末で定年退職という人生のはずであったが、大学教員の定年は六五歳、税理士業は定年なし、ということで、僕は二足の草鞋《わらじ》を履いて仕事を続けていた。一方、僕の友人の多くは定年を迎え、すでに一年間もノンビリぶらぶらしている状態だった。そんな彼らに、定年前からロータリーの入会を勧めていたが、当時は思いっきり余生を楽しむ風情で、定年後は毎日ゴルフが出来る、家庭菜園が出来る、旅行が出来る、など言いたい放題でまるっきり僕の話など聞く耳を持たなかった。

ところが、ここ最近になって彼らが言うには、

「人生に目的がないということがこれ程に空しく辛いものだとは思わなかった」

「退屈とは死ぬほど苦しいものだということを悟った」

ということを思い知ったというのだ。

「よし、来た。いまがロータリーに誘うチャンスだ」

そこで一番、僕から蘊蓄《うんちく》の一つを披露して、

「ラテン語のfinis（英語ではfinish）には二つの意味がある。一つは『終わり』という意

味だが、もう一つは『目的』という意味がある。目的を持った人間は一日が一時間のように早く感じられるのに対し、目的を持たない人間は一日が一週間の長さに感じられるのだ」

など……。そしてもう一押し。

「死は誰にもやってくる。それを引き延ばすことだけが生の目的ではない。死の前の生を充実させることが本当に意味あることなんだ」

と言い放つ。そして、

「だから君にはロータリーが必要なのだ」

と畳《たた》みかける。

ロータリーに入れば、毎週決まった曜日の決まった時間に外出する、他人様に会うのだから少しはお洒落をしよう、友人に一週間の出来事を話そう、友人と次の約束をしよう、そんな期待感で次の一週間を過ごすのは本当に楽しいぞ、だからお前もロータリーに入れ、とこんな感じで勧誘するのだ。

ところが、これまでのところ打率はゼロ割、誰も僕の話に興味を抱かない。誘っている僕の人間性に問題があるのかな、と反省もしてみるのだが、いったい世間様はロータリーをどのような団体だと理解しているのだろうか。

僕が話すつたない講演のなかに、高齢者に対するロータリーの効用を説く部分がある。それはこうだ。

高齢者の生活に必要なものには、「キョウヨウ」と「キョウイク」の二つがある。「キョウヨウ」とは「今日、用がある」のこと、「キョウイク」とは「今日、行くところがある」の意味だ。

お分かりいただけただろう。ロータリーの例会はまさにこの二つが備わったシニア会員向けの集いとも言えるのだ。だから、シニア会員は例会出席率が優秀なのだ。常に一〇〇%出席が可能な状態だ。なんなら、週に二回や三回でも出席できる。いや、出席したいのだ。キョウヨウとキョウイクが一週間のスケジュールの柱になっている。

前置きが長くなった。

会員増強会議の展開はこうだ。まず、会議に参加するにあたり、構成員は一人につき一〇人の候補者リストを作ってくること。それが例えば五人集まれば、総計で五〇人になるはずだが、そうはいかない。何人かの候補者はダブり、せいぜい二〇人くらいに集約される。ただ、その候補者が入会する確度は格段に高くなる。会議の構成員が皆知っている人たちだからだ。次いで、そのリストを元に優先順位を付け、まずA君が候補者に電話をす

る。その時、候補者が入会にためらいを見せると、すかさずA君は、

「実は君を推薦しているのは僕だけではない。君を推薦するB君も隣りにいる。B君に代わるから彼からも話を聞いてみてくれ」

と電話をB君に渡す、それを次にC君にも、と続けると大抵は入会を承知することになる。

先方にまだ少しためらいがあっても、

「一度会ってお話をうかがいます」

との返答を貰えばしめたもの。間髪をいれず、

「では、明日の早朝、御社に伺います」

と約束して電話を置く。

翌朝は、紹介者のA、B、C君を帯同して、会長の僕が直接面談、説得に行くのだ。これでおしまい。その候補者は必ずその場で入会申込書にサインをしてくれるのだ。

このやり方を聞いて、

「そんな手間ヒマの掛かることは出来ない」

と言った人には会員増強はできないと思うべきだ。そうだ、一人の人間をクラブに誘い込むのには手間ヒマが掛かるのは当然だ。これを厭《いと》うていては、「本当の目的」は達成でき

ない。

ただ、絶対に間違ってはいけないのは、この作業が決してクラブの会員数を増やしたいだけの安直な目的ではないということだ。そんな気配を候補者に悟られたら一瞬にして断られるのは必定だ。

一番重要な「本当の目的」は、「ロータリーに入ることがどれだけ本人の為になるのか」ということを「その本人自身が理解してくれること」が大切なのだ。これこそがクラブへの奉仕、地域社会への奉仕、その人への奉仕であると信じている。だからこそ、僕らは最強の軍団になれたのだ。

15　高崎クラブの会員増強の実践事例（その2）

話を続けよう。

②　入会の返事が保留となった場合

これまでの段取りで、翌日に即、入会を決めた新会員については、その後の流れは紹介者に任せた。しかし、やはり慎重な人もいるもので、

i　誰々に相談してから……。

ii　いまは仕事が忙しいからもう少し待ってくれ……。

などと返事を保留する人もいる。そういうときは、僕は必ず入会のキーマンになっている人に会いに行った。

iの場合、相談する相手の多くは、自分の父親つまりはその会社の社長であることが多い。この場合、その父親がロータリーのような奉仕団体に入っているかどうかが説得の成否の分かれ目になる。

父親がどこかの奉仕団体に属している場合は、その説得は意外と容易だ。すでにそう

いった団体の意味が分かっているからだ。父親がロータリアンなら、さらに簡単だ。

父親（社長）の多くは、

「自分が引退したら、その時に自分がいま居るクラブに交代して入れるつもりだ」

との返答だ。僕たちの説得はこうだ。

「ロータリアンに終わりはない。クラブは終生、自分磨きの道場だ。先輩（父親）は会社を息子に譲っても、いまのクラブを辞めてはいけない。そういう時期にこそ、キョウヨウとキョウイクが必要になる」

また、

「まだ息子は仕事を覚えなければならない年齢だ。まだ早い」

と言われることもある。四〇歳過ぎの息子を捕まえて、この言い様だ。

「まだ早い」と言うが、いったい幾つになれば大人として認めるのか？　あんたの息子はそんなに箱入りの洟垂《はなた》れなのか？　息子も息子だ。いい歳にもなって、まだ親父の言うことを聞いているのか。

口には出さないが、

「僕は中学生の頃から親父の言うことは聞かなかったぜ」

と思った。

その場合には、

「先輩がロータリーに入ったのは幾つのときですか?」

「四〇歳の頃だ」

「若かったんですね」

「ロータリーに入ったら仕事は疎《おろそ》かになったのですか?」

「いや、仕事は一生懸命やったさ。とても頑張った」

「クラブでは、その年齢で入っても会員とは楽しくお付き合いができたのですか?」

「もちろんだ。楽しく交流してきた。俺は会長だってやったことがある」

「息子さんはその年齢を優に超えている。いつまでも子供扱いをしていると成長期を逃しますよ。どうせロータリーに入れるのなら、先輩のように少しでも早いほうがいいとは思いませんか?」

一方、父親がロータリー以外の奉仕団体に属している場合、父親からの返答はこうだ。

「ロータリーは敷居が高すぎる。うちの会社のレベルではいまの〇〇（団体名）あたりが丁度いいところだ」

僕たちの返すアドバイスは、

「息子さんに新しいレベルでの交流をさせ、成長していくチャンスを贈ってやりましょう。本人もきっと頑張り、仕事にも人間関係にも新規の展開が拓かれるに違いありません。僕の大好きな言葉で、日本を代表する自動車会社T社の創設者TS翁の言葉に、ある名言があります」

「『障子を開けてみよ、外は広いぞ』です」

「息子さんに障子を開けさせてあげませんか？　本人もそれを願っています」

ⅱの場合は、「少し待って……」との返答なのだからと、少し待って一週間後にまた訪問する。そこで断られたらまた数週間してから行く。これを繰り返すことによって、最後には入会の承諾を得てくるのだ。大切なのはロータリーが本人にとって有益であることを真摯に説明することだ。きっと、こちらの気持ちと根気は相手に通じるに違いない。

③　その気になった候補者を一同に集めて「ロータリー説明会」を開催

それでもまだ、ロータリーへの入会について戸惑いがある人たちには、夜間、何人かの候補者を集めての「ロータリー説明会」を開催した。もちろん、メシ、酒付きだ。

ここでの要諦はただ一つ。ロータリーを説明する人が話術に長けているかどうかだ。

僕の経験から、講演に必要なのは、「内容が分かった」という感想よりも、「面白かった」の感想の方が人の心に残るということだ。僕が恩師と慕う大学時代のＹＨ先生から授けられた講演の奥義は、

「話の内容なんて、講演のあとトイレに行って用を足した途端に忘れるものだ」

それよりも、

「今日の話は面白かったね。ところで、何の話だったっけ？」

というくらいの方が、いい印象が残るということを教わった。

ロータリー説明会の内容が面白くないと、

候補者たちは、

「ロータリーの意味は分かりました。でも、もう少し考えます」

といって帰っていく。その後、周りの人たちから、

「彼は、他のクラブに入ったようです」

との報告を受けることになる。

実際、説明会に出ていながら他クラブに入ったＨＫ君に、何故うちのクラブに入らなかったのかを尋ねる機会があった。

彼は、こう言った。

「あのとき話の内容は分かったのですが、講師の人がクラくて、話がツマラナかったので、面白そうなクラブの方を選びました」

やっぱり、「面白い」がキー・ワードになった。

今後、同じ失敗を繰り返さないように講師の選定は慎重に行うこと、ロータリーのことはあまり理解していなくてもいいから友だちが多くていつも話題の中心にいるような人を選べ、と指示した。

④　全会員に「三種の神器」を携行してもらったこと

ここにいう「三種の神器」とは、ｉ入会申込書、ⅱ高崎クラブの簡単なプロフィール、ⅲロータリーそのものを説明する印刷物、のことだ。

ｉについては、あまり説明はいらないだろう。ただ他のクラブと違うのが、その中に「趣味」の欄を設けたことだ。狙いは、各人の趣味を知り、同好の者が揃ったときにその人たちで同好会（いわゆる部活）を作り、ロータリーの活動以外に集まれるインフォーマル（非公式）な組織を作りたかったからだ。こうすることにより、従前からの会員と新しい会員が同好の趣味を楽しみ、親睦を深め、仲間同士の強いキズナを作ることで、退会防止に繋がるに違いないと思ったのだ。その結果、それまでうちのクラブにはゴルフ部しかなかったのが、一年間で野球部、釣り部、山岳部、ボウリング部、愛蕎会（蕎麦を愛する会）、頗《すこぶる》別品会《べっぴんかい》（旨いウナギを愛する会）、女子会などたくさんの同好会ができた。

iiについては、A四版サイズの印刷物で、ロータリーの意義、クラブの歴史、例会日、例会場、費用、会員数（男女数）、平均年齢、姉妹クラブ、同好会などの情報を織り込んだ。小さいサイズながら、一見してクラブの情報をすべて説明できるものにしてあるものだ。

iiiについては、「ロータリーの友」誌の左から開いて六ページ目にある「ロータリーとは」の部分を印刷していた。簡単にして明瞭、ロータリーのことがよく解るすぐれものだ。その後、「ロータリーの友」事務所発刊の「ロータリー　あなたも新しい風に」の小冊子を使いはじめた。

この三点を会員に携行してもらい、誰かロータリーに相応しい候補者に遭遇したときに、すかさずこれを取り出してロータリーに誘うということをお願いした。狙いは、クラブ会員の全員が会員増強の重要性を認識し、田中やその幹部たちがあれだけ頑張っているのだから俺もそれに協力してやろう、という一致団結の気持ちを共有したかったからだ。そのうち、いろいろな会員から候補者の情報が集まるようになった。なかには、あまり例会に

出席しない会員NTさん（弁護士）からも、

「日頃、例会に出られずに申しわけない。でも、このときくらいは協力させてくれ」

と言われ、大物経営者数人を紹介してもらったことがあった。感謝した。

　この三種の神器携行作戦は意外に効果があった。夜、業界の集まりがある、二次会で行った店に知り合いがいるという状況のとき、これを取り出して説得にあたる、ということが出来たからだ。半年ほど経った頃、そのような席に行くと僕の周りからはヒソヒソ話が聞こえてくるようになった。

「ロータリーキ○ガイの田中がいる。近くに行くとロータリーに誘われるぞ」

　でも、こう言われることは実は意味があるのだ。

ロータリーに真剣に誘うヤツ（田中）がいる、ヤツが言うようにそんなにロータリーは楽しいのか、でも俺はまだ誘われていない、何故、俺を誘わないのだ、といった空気が日に日に高まっていく。しかし僕には誰彼構わず誘うという気持ちはなく、この人ならば、という人だけを誘っていた。僕も人を選んだ。ロータリーには馴染まない、期待するロータリアンには成れないだろうという人には声を掛けなかった。

ところで本当に大切なのは、ただこの三種の神器を携行してもらうだけではなく、候補者に遭遇したときに、ロータリーを、そして高崎クラブを明確に説明できるかどうかなのだ。そのためにクラブ内では事前に、多くの候補者から聞かれるであろう質問に備えて、明瞭に回答できるための勉強会を開いた。

想定される質問事項は、次の四点を想定した。

1　ロータリーの目的とは？
2　ロータリーにとって最重要の思考は？
3　ロータリーに入ったら何が得られるのか？
4　ロータリーと他の奉仕団体との違いは？

この回答の詳細については、別の章に譲る。

16　高崎クラブの会員増強の実践事例（その3）

続けて、うちのクラブが会員増強のために実践した諸方策を説明する。

⑤　新会員を迎える例会等の工夫

i　例会場での着席場所を毎回抽選にした

前の章で述べた「会員増強の障壁」の原因としてあげた①と②に関わることだが、せっかく入ってきた新会員なのに、シニア会員が上手におもてなしを出来ないことから新会員が居心地の悪さを感じて退会していくという場面が何度となくあった。

その原因の一つに、シニア会員が自分たちの仲間とだけ同じテーブルに座り、他の会員を寄せ付けない傾向があることだ。こういった人たちのグループを、僕たちは「チーム停電」と呼んでいた。その人たちが居ると周囲が暗くなるからだ。

こういったシニア会員たちは言う。

「別に新会員を邪険にしているわけではない。向こうから胸襟を開いてくればいいことだ」

例会は週に一回のこと、自分の仲間と一緒にいたい気持ちも分からないわけではないが、新会員の期待に応えて、彼らの緊張を緩和してあげる役割も現役会員にはあると思う。新会員にしてみれば、せっかく入ったロータリーだ。出来るだけいろいろな人と仲良くなりたい、それもなるべく早くお知り合いになりたい、と考えるのは自然なことだ。それに応えてあげるのは、現役ロータリアンたちの責務だ。立派な先輩は、まず自分から新会員に話しかけ、席に案内し、隣りに座って雑談に応じる、という態度を取ってくれる。

僕が会長のとき、日本のロータリークラブの創始クラブである東京ロータリークラブへメークにいったことがある。帝国ホテルの大会場に高崎クラブの会員一〇人を連れてお邪魔をした。その際に受けた先方の会員たちのフレンドリーでフランクな応対には痺《しび》れたものだ。流石は東京ロータリークラブだ、という感慨を皆が持った。見回せば、テレビで見掛ける顔ぶれがたくさんいる。そういう人たちが皆、親切なのだ。ロータリアンの鑑《かがみ》を見た気がした。

話が逸れた。元に戻そう。

毎週、例会において同じテーブルに同じ会員、グループが座らない工夫として、僕は着席場所を一年間、毎回抽選にした。そうすれば、会員は毎回いろいろな人と交流ができる。なんと楽しいことか、と独りで納得した。ところがそう決めた途端、シニア会員から多くの叱声、罵声が飛んできた。いや、その声は僕にではなく、僕の女房役のHM幹事に対して向けられた。でも、幹事はこう言ってひるまなかった。

「これは、田中会長が決めたことです。田中さんは他人の言うことは聞かない人です。皆さん、ご存知でしょう？」

その後は、誰からもその件についてのクレームはなかったという。でも、それ以外のクレームは彼に対して雨あられのごとく降り続いたという。以上は、会長年度の一年間が終わったときHM幹事から聞いたことだ。彼は一人で我慢強く僕を支えてくれていたのだ。

僕は大いに感謝・感激し、彼にこう言った。

「一年間ありがとう。君の辛抱強さに僕は助けられた。今年度の成功は君あってのことだ。お礼に三年後、僕が地区ガバナーに就任するときには、君を地区幹事に任命する」

彼は腰が抜けたに違いない。でも三年後、彼は見事に地区幹事として僕をサポートしてくれた。彼には二度の借りができた。

後日談がある。抽選をして席を決めるようになってからしばらく経ってのこと。二～三人ずつのシニア会員がいつも同じテーブルに座っている光景が見受けられた。偶然なのかな、とも考えたが、何週かそれが続く。種明かしはこうだ。一人が少し前に例会場に来る。

抽選箱を覗き込み、何枚か友だちの分を探して同じテーブルの席札を抜いておく。その後来た友だちは、抽選箱を素通りしてその会員が呼び込む同じテーブルに座る。まるで子供だ。抽選の意味、新会員への対応の意義をまったく分かっていない。

ＨＭ幹事が、

「注意しましょうか？」

と言ってきたが、そこまで恥ずべき裏工作をしても同じ席に座りたいのなら放っておけ、と無視することにした。彼らには、ロータリーの精神はまったく分かっていないのだ。

こういったグループは二つあった。全部で六～七人だ。少人数クラブの六～七人は目立つが、会員増強を果たしたいま、彼らの存在はずいぶんと小さくなった。「不良会員の水割り論」、濃いウイスキーも水をたくさん入れればその味は薄くなる、という論理は正解だった。会員増強（水増し）にはこんな効用もあることを知った。

この座席抽選を他のクラブにも勧めるが、どのクラブもそれは出来ないと言う。やはりシニア会員が恐いのだと言う。同じ会費を払っている者同士、皆平等のはずだが、やはり遠慮があるらしい。田中さんの仕事（大学教授・税理士）ならば影響が出ないだろうけれど、自分たちには人間関係を損なうことでつまらない悪影響があると困るからと言う。その辺はよく分からないが、多くの仲間との親睦を大切にしてきたロータリーでも窮屈なことを考えるものだなと思った。

ii　点鐘前に「握手タイム」を設けた

座席を抽選にすると、当然あまり良く知らない会員同士が同じテーブルに着くことになる。そのままではあまり会話も弾まずに一時間を無為に過ごすことになるかも知れないと考えた。そこで、点鐘前に三〇秒の「握手タイム」を設けることにした。

その時間、同じテーブル内の会員たちとまず名刺交換をして握手をすることを求めた。当然、

「○○会社の○○です。仕事は○○をやっています」

くらいは言えるだろう。お互いの営業内容が分かる。相手の業界内には知り合いがいるかも知れない、もしかしたらそこから仕事のチャンスが生まれるかもしれない。いろいろな効用がありそうだ。少なくとも、例会がツマラナイ、タメニナラナイ、ということにはなるまいと思った。

これは好評だった。やっぱり、人は肌と肌が触れ合うと温かい気持ちになって仲良くなれるようだ。翌週、違うテーブルになっても、先週の同席者のところに行って、

「先週はお世話になりました。お話が出来て光栄でした」と言える。このくらいの演技が出来ないヤツは営業もできないだろう。お互い一つの会社を率いているロータリアンだ。そこから仕事を拡大させていくことは可能だろう。

徐々に女性会員が増えてくるにつれ、握手を同じテーブルだけでなく、女性の座るテーブルにまで遠征する会員も出てきた。女性会員もまんざらではなさそうだ。女性会員が楽しく感じ、さらに女性の友人を誘ってきてくれれば万々歳だ。こういう思惑も無いわけではなかった。

iii　クラブを超えて集うグループを作った

クラブ内に同好会（いわゆる部活）を作った話はすでに書いた。ここでは、クラブを超えた集まりを作ることの効用に触れたい。

僕の主催する集まりに「二八会」というのがある。飲食店の売り上げが下がる二月と八月の一夜に集い、「高崎の夜の政治経済を語る会」というもっともらしい副題を付けている会合だが、要は単なる飲み会だ。最初は少人数であったが、最近では五〇人を超える大所帯になった。この会の参加資格は、「ロータリーが好きなこと」の一点に尽きる。

ポイントは、その会に誰が入っていて、今回誰が新しく入り、誰がクビになったのか、などは誰にも分からないことだ。すべては僕の手許で取り仕切っている秘密の会なのだ。したがってこの会の存在を知らない者も大勢いる。ただこの会の噂が流れると、「俺は呼ばれていない、呼ばれるにはどうしたらいいのか？」という話が交錯する。つまりはブランド力のある会なのだ。噂を集約すると、どうもロータリー活動を真面目にやらない人には声が掛からないらしいとなって、多くの会員に改めてロータリー活動に勤しまなければマズい、との自省を促すことになる。

反対に僕の知らない集まりも複数あると聞く。若手を中心にいろいろな会合が生まれ、皆がロータリーを考える機会が増えることは大いに望ましいことだ。それが、皆がロータリーを中核にしたロータリアン同士の紐帯を強めることに繋がるのだから。

高崎クラブは、他クラブとのゴルフ対抗戦をしている。お互い二組（八人）くらいの選手を出し合っての四組のコンペだ。対抗戦だから、ホーム・アンド・アウェイ方式で順番に自クラブが得意とする地元のゴルフ場で対戦する。すでに、対抗戦の相手は地区内のクラブだけに留まらず、近隣の地区のクラブとも行っている。夜の一九番ホールも楽しい。地元の人しか知らない名店が一九番になる。対戦相手は増えるばかりだ。最近、そのなかのあるクラブと「友好クラブ」になろうとの話が持ち上がっている。ゴルフを超えたクラブ単位のお付き合いが出来れば楽しいことだ。

iv　他クラブとの夜間例会を積極的に実施した

この効用は改めて説明するまでもない。クラブにはそれぞれ文化があり、また特徴のある会員がいる。それらが一堂に会し、いわばクラブのお国自慢のような楽しい宴会を通じて、お互いが切磋琢磨していければいい。女性会員のいないクラブからはどうやって女性会員を入れたのかとそのノウハウを聞かれ、若手会員たちはそれぞれ自分のクラブを背負っての掛け合い漫才のような楽しそうな姿が見られる。同業者は同業者同士の積もる話もあるだろう、それらを経験して、また自クラブの例会に戻っていく。自クラブだけでは成立しないロータリアン同士の強いキズナが生まれる。

当地区内のある分区では、六クラブがあるのに合同で新年会をしたことがないということを聞いた。地区ガバナーであった僕はその分区のガバナー補佐に他クラブとの交流の大切さを説き、是非それを実現して欲しいと話したことがある。一堂に集まれば楽しいに決まっている。あとは、各クラブの幹部による調整次第だ。会員増強の障壁原因の③「会長・幹事のヤル気」の問題だ。一年間、皆を率いる大バカになることもそう悪くはない。先に他人からの評価を気にするよりも、自分が楽しいと思ったことをやり遂げることだ。

一つだけ後悔がある。夜間例会こそ、家族も参加しての家族例会にすべきだったことだ。家族の理解あってのロータリー活動だ。なるべく大人数の華やかな場面には家族を招きたい。きっと家族は喜んだはずだ。

v　新会員こそ役職に就けよう

新会員をクラブの役職に就けるべきだ。新会員といっても、外では立派な経営者だ。いろいろなことを経験しているはず。役職を付ければ、必ずこなしてくれるだろう。

また、クラブの役職経験が地区にも生きてくる。若手のうちに地区に出向させ、幅広いロータリー活動を知ってもらおう。

⑥　メークを奨励した

僕の会長年度では、「KOC（Know Other Clubs）キャンペーン」（他クラブを知ろう）というメーク奨励のイベントを行った。一年を通じ、他クラブへのメーク回数が一番多かった会員を会長が表彰するというものだ。その効用は次のとおり。

i　他クラブに行って友人に会い、情報交換ができる

ii　メークを知らない新会員を連れて行き、他クラブの雰囲気を体験させることができる

iii　他クラブにおける見習うべき点を知り、自クラブの運営に取り込むことができる

実際、こういうことがあった。

i　高崎市外の他クラブにメークに行って、ロータリーに入りたいという高崎の経営者を紹介してもらったケース

ii　高崎市外の他クラブにメークに行って、高崎への転勤の報告とそのクラブに退会の挨拶をしている人を見かけ、うちのクラブに誘ったケース

iii　他クラブにメークに行って、その場で同業者から仕事が回ってきたケース

iv　他クラブにメークに行って、合同の社会奉仕活動が決まったケース

以上、すべて実話である。

つまりは、数多くのメーク経験が多くのチャンスに巡り合わせてくれる、という当然の帰結である。

ＫＯＣキャンペーンは、日本を代表する通信会社の群馬支社長ＨＴさんが一等賞だった。その数はなんと一年に三二回だった。

近年は、僕はＫＯＣキャンペーンに続き、「メーク・ツアー」という他クラブ訪問の企画をしている。一人では訪問出来ないという内気な若手会員数人を引き連れ、僕がその案内役を務めている。これまでに、国内のクラブはもとより海外のクラブにも数回行った。

その経験者は延べで一五〇人を超えている。皆、メークのベテランになった。

17 ロータリーの本質

前の章で、本当に重要なのは、新会員候補者に対し、明確にロータリーを、そして高崎クラブを説明できるかどうかが会員増強には大切なのだと書いた。そのために、クラブ内では多くの候補者から聞かれるであろう質問を予想して、明快に回答できるための勉強会を開いた。それは、自らのロータリー知識をもう一度刷新するためにいいチャンスにもなった。

想定される質問事項は、次の四点とした。

1 ロータリーの目的とは?
2 ロータリーにとって最重要の思考は?
3 ロータリーに入ったら何が得られるのか?
4 ロータリーと他の奉仕団体との違いは?

これらの回答として、僕らが用意したものは以下のとおりだ。

質問事項の1については、国際ロータリー定款にいう「ロータリーの目的」[32]を説明した。

「ロータリーの目的とは、『意義ある事業』の基礎として、『奉仕の理念』を奨励し、これを育むことであり、具体的には
i　知り合いを広めることによって奉仕の機会とすること
ii　職業上の高い倫理基準を保ち、ロータリアン各自の職業を高潔なものにすること
iii　ロータリアン各自が、個人、事業、社会生活において奉仕の理念を実践すること
iv　世界的ネットワークを通じて国際理解、親睦、奉仕を推進すること
が重要である」
としている。このなかには、ロータリーの基本用語であるいくつかの重要タームス（奉仕、職業、倫理、高潔、世界的、国際理解、親睦など）が挿入されている。
質問事項の2については、ロータリークラブが例会時に必ず唱和する「四つのテスト」とロータリーの「戦略計画」の中に「ロータリーの中核的価値観」[33]が定められているので、その二つを説明することにした。

32　「ロータリーの目的」は国際ロータリー定款第四条を参照のこと。
33　二〇一〇年七月から発効された国際ロータリーの戦略計画のなかで定められている五つの「中核となる価値観」は、ロータリアンの行動原理・行動規範として、ロータリアンが共有すべき価値観とされている。

「四つのテスト」は、ロータリアンの言行の指針である。たった二四個の英単語によって成立しているシンプルな倫理基準だ。

創案者は、ハーバートＪ・テーラー。一九三二年、不況にあえぎ倒産の危機に瀕していたアルミニウム製品会社の経営者に就任した彼が、その立て直しのために社員に対しあえて倫理的な道を指示し、正しい営業活動を実践することを求めた指針だ。そこには、倫理、道徳、正義などの教えが織り込まれ、社員の誰もが簡単ですぐに覚えられるような簡明さがあった。その後、その会社は見事に蘇り、テーラーはこの四つのテストが単に職業上の理想を説いたものだけではなく、極めて実用的なものであったことを実証したのである。その後、彼の国際ロータリー（ＲＩ）会長就任に先立ち、四つのテストの版権はＲＩに寄贈された。

「四つのテスト」（日本語訳）は、以下のとおり。

「四つのテスト　言行はこれに照らしてから

1　真実かどうか？

2　みんなに公平か？

3　好意と友情を深めるか？

4　みんなのためになるかどうか?」

その原文は、以下のとおり。

「The Four-Way Test Of the things we think ,say or do

1　Is it the TRUTH ?

2　Is it FAIR to all concerned ?

3　Will it build GOODWILL and BETTER FRIENDSHIP ?

4　Will it be BENEFICAL to all concerned ?」

最初は商売上の行動指針（対取引先、公正性、信用、評判、適正利潤など）であったものが、ロータリーの志操（真実、嘘偽りのないこと、公平、好意、善意、友情、倫理など）に通ずる指針だとしてＲＩが採択したものである。

僕は、毎朝、職場に着くと「四つのテスト」が貼ってある壁に向かって心の中で唱和している。その日一日が、倫理、高潔、正義、公平性に照らして正しく行動できるようにと自戒を込めての日課だ。うちのクラブでは、職業奉仕委員会によりこのテストを印刷したポスターを毎年度始めに全会員に配布している。

次いで、「ロータリーの中核的価値観」とは、

「ロータリーの中核的価値観（以下の価値観を行動に）
① 奉仕（Service）
② 親睦（Fellowship）
③ 多様性（Diversity）
④ 高潔性（Integrity）
⑤ リーダーシップ（Leadership）」

の五項目が示され、具体的には、

・私たちは、親睦を通じて生涯にわたる友情をはぐくみ、国や文化を超えた理解を促します。
・私たちは、高潔性をもって約束を守り抜き、倫理を守ります。
・多様性を誇るロータリーは、さまざまな考え方をつなぎ、多角的なアプローチで問題に取り組みます。
・私たちは、奉仕を通じてリーダーシップと職業のスキルを生かし、地域社会の問題に取り組みます。

と説明している。先ほどの重要タームがそのまま使われている。

僕たちは、この五つの価値観を常に意識し、行動の指針としている。このなかの重要性の順序は人によって理解が異なる。僕がガバナーだったとき、いろいろな機会に皆に聞いて、重要と思う順番のアンケートを取ったことがある。一位は常に「親睦」だった。ロータリアンは、ロータリーの最重要価値観を親睦に置いている傾向を知った。

「親睦がしたければ、仲間と酒を飲んでいればいいじゃないか」と揶揄した高名なロータリアンがいたが、僕個人としては、第一位には「高潔性」を挙げたい。理由は、別の章に譲る。

質問事項の3については、これまでロータリーのさまざまな先達たちが言い尽くしてきた感がある。

なかから、約一〇〇年前の元RI会長であったガイ・ガンデイカー氏の「ロータリーに入るといいことがある…」(『A Talking Knowledge of Rotary』(「ロータリー通解」一九一六年)の一文を引用して説明した。

それは、

「ロータリーに入るといいことがある……

① 人生で、是非とも持たねばならない知己が得られる。

②　純粋で健全な親睦というものがどんなに良いものかを知ることができる。
③　どうすれば仕事が成功し、問題解決ができるかについて、啓発を受けることができる。
④　効率が高い経営方法とは何かについて、知らず知らずのうちに教育が受けられる。
⑤　多くの自分の知らない情報が得られ、先見の明を授けられることができる。
⑥　自分の思考の限界を知り、もって転機を得ることができる。
⑦　知己を広め、自分を他に理解してもらう機会が与えられ、そのことが自分の企業に対する信頼に繋がり、その結果として企業上の利益になる。
⑧　各自が社会の指導者となるだけの訓練を受けられる。
⑨　自分を人間的に磨くことができる。」
である。

さて、僕らはこれを見てどう感じるのか……。一〇〇年経っても、ロータリーの果たす役割、ロータリーに期待する内容は変わっていない。人間が求める、または経営者が求める「ロータリーへの期待」のあまりに不変の事実に目眩《めまい》のする思いだ。僕らはまったく成長していないことを知らされ愕然とする。

質問事項の4については、他の団体のことをあまり良く知らない僕らとしては、わがロータリーの特徴点を説明するしかない。

ロータリーの特徴の第一は、「職業奉仕」理念の存在だ。基本的にロータリーは職業を持つ者しか入会の資格はない。自らの職業を通じての奉仕活動を行うことが基本とされる。ゆえに、職業を持たない高校生などはたとえ奉仕の心があったとしても、ロータリーの会員にはなれないとする基本がある。一方、いわゆる主婦（夫）もその作業を仕事に換算した場合、家政婦業に代替可能となり立派に職業としての価値があるとする発想から、主婦（夫）もロータリーへ参加が認められた[34]。また、近年はローターアクトクラブの会員も国際ロータリーの一員として迎えるという改訂[35]も行われている。これも、ローターアクター（ローターアクトクラブの会員を指す）に職業人およびその従事予備者としての資格が認められたものとしての改訂だと理解している。さらには、地域社会において善い評判を受けている成人にも入会を認めている。退職者などがこれに当たる。これもボランティア活

34　子供の世話や配偶者の仕事の手伝いのため仕事を中断した人や同じ理由で仕事をしたことがない人もロータリアンになれる（二〇一三年国際ロータリー規定審議会による改訂）。

35　二〇二〇年七月より、国際ロータリーはロータリークラブとローターアクトクラブとの連合体となった（国際ロータリー定款第二条）。

動に従事する善良な成人ならば、以前に従事してきた職業に裏付けられた価値を見出すという認識になるのだろう。つまりは、ロータリーの底流にはあくまでも「職業」の存在があることが、ロータリーの特徴だと思われるのだ。

もう一つが、「I serve」と「We serve」の違いに代表されるロータリークラブとライオンズクラブとの相違だ。前者の理念はロータリークラブのものだ。「私は奉仕する」を理念として、基本的には「会員一人ひとりが奉仕活動の単位」となっている。各種寄付も、会員各自が自らの判断、自由意志で拠出することが原則だ。一方、後者の理念はライオンズクラブのものだ。「我々は奉仕する」、すなわちクラブ全体でまとまって一つの事業に寄付を拠出することが原則であるようだ。いずれも奉仕の心を持って活動していることに違いはない。

ここにあげた質問への回答によって、候補者たちは納得のうえロータリーに入会してくる。彼らの将来は、クラブの将来でもある。せっかくロータリーに入ってきた彼らに大いに期待しよう。

18 「クラブ」の組織と役職

少し、ロータリーの組織・構造について説明したい。

ある人が、どこかのロータリークラブに入会し、徐々にそのクラブのなかで成長し、その後クラブから地区へと出向して、さらにその後どのように成長していくかの道程を綴る。

① 「クラブ」の組織

新会員が入会するのはある一つのクラブであり、それがロータリーにおける最小の単位だ。入会したクラブではいくつかの委員会が存在し、新会員はじめクラブの会員はそのいずれかに所属する。多くのクラブでは、クラブの事情に応じておよそ次の委員会がある。

i　クラブ組織強化部門…会員増強・職業分類委員会　ロータリー情報委員会　ロータリー戦略計画委員会　出席委員会　プログラム委員会　親睦委員会　公共イメージ(広報)委員会　ニコニコボックス委員会

ii　奉仕プロジェクト部門…青少年奉仕委員会　社会奉仕委員会　職業奉仕委員会　国際奉仕委員会

iii　ロータリー財団等部門…ロータリー財団委員会　米山記念奨学委員会

数年間いくつかの委員を経たのち、委員会の委員長になれば、その委員会メンバーを束ねて、自らのリーダーシップ能力を磨く研鑽ができる。委員会が行う事業はクラブにとってはすべてがハイライト、クラブの彩りだ。それぞれの委員会による活動の充実・成否こそがクラブ会員の満足に繋がっていく。

委員長は配分された予算の中で最大限の効果を生み出すように工夫する。委員長の力量が試されるところだ。ここで、委員である多くの若手の信任を得ていく。いずれは自分の会長年度のスタッフになる人たちだ。優秀な人材を発掘し登用していく。どこの組織でも同じだろう。要は、そういった意識を持ってコトにあたるかどうかが、モノゴトの分かれ目になることを知ることだ。

② 「クラブ」のリーダー…会長・幹事

会員は、いろいろな委員会での経験を積んだのち、数年から一〇年くらいするとクラブの理事会メンバー（一五人程度）に選出される。理事会は、クラブの最高意思決定機関だ。理事会は、クラブ運営の具体策を会長の方針によって決めていく。例会の日程、その中のプログラム、いつどこで各種のイベントを行い、いかに会員が満足してクラブライフを楽しんでいくか、などの企画全般を決めていく。

i　幹事（Secretary）

その後、ある条件が整えばクラブのナンバー2と目される「幹事」に就任する。「条件が整えば」といったのは、これまでの経験でそれが足りずに幹事になれなかった人をたくさん見てきたからだ。多くの場合、幹事になれなかった条件はただ一つ、「人望がないから」に尽きる。

幹事になるまでには、通常一〇～一五年くらいは掛かる。その間、どれだけの会員と接し、自分の仲間を作ってきたのか。クラブにはあまり出席せず、下働きからは逃げ、他の会員とあまり良好な関係を築けなかった人にはそのチャンスは巡ってこない。仮に、そういった人が幹事になった場合、普通の会員はあまり近づかない。近づいてくるのは、例の「チーム停電」の人たちだ。彼らは自分たちの意のままになる寂しがり屋を捜している。友だちのいない子供が不良グループに誘われ、悪事に染まっていく過程に似ている。

残酷だが、ロータリアンは五〇～五五歳くらいで、自分に対する世間様からの三回目の評価を受けることになる。言い古されたことだが、通常、人には生涯三回、世間の評価を受けるときがあるという。一回目は大学受験のとき、二回目は大学卒業時の就職活動のときだ。それぞれのときに世間様が下す自分の実力・評価を知る。どんなに頑張っても志望の大学に入れないことがある。どんなに憧れていても希望の会社に入れないこともある。そのとき、自分の思い通りにはいかない厳しい世間の存在を知る。

そして、ロータリアンはクラブの幹事になるときにも、もう一度、人物評価の審判を受ける。クラブという狭い範囲で、自分への厳しい評価が下される。狭い範囲だからこそ、なおさらその評価結果は非情だ。こうして、この機会を逸してクラブを退会していく者が出る。僕たちはそれを静かに見送ってきた。

幹事は、実質的にはクラブ会長の掲げた目標・計画を実行する専務取締役兼執行役員だ。会長の掲げる方針をクラブ実務に落とし込み、円滑な運営が出来るかどうかの執行力が試され、将来の会長就任への道筋に繋がっていく。幹事の時代にそれなりのクラブ運営が出来れば皆に信認され、会長への就任が近づくということだ。通常、会長就任までは入会後二〇年くらいが標準といったところか。四〇歳で入会したとすれば、会長就任はおよそ六〇歳だ。もちろん、これはクラブの会員数によっても違う。会員数が少ないクラブの場合、入会後数年で会長に就任するクラブもある。僕の知る範囲では、入会後二年目でクラブ会長に就任したクラブがあった。そのクラブの会員数は一六人。そのほとんどが会長経験者だったというクラブ独自の理由があった。その反対に、大人数のクラブでは生涯、会長になれない会員が出るクラブもある。入会するクラブを決める一つの選択肢になるかも知れない事実だ。

ii 会長（President）

会長は、クラブを代表する存在、会社でいえば代表取締役社長だ。

会長は、ロータリー行事はもちろん地域社会のさまざまなイベントにもお呼びがかかる。時間とお金の掛かる名誉職みたいなものだ。仮に、人と関わることが苦手で内向的な人には、会長職はかなりの重荷になろう。その場合、本人も不幸だが、クラブも不幸になる。クラブは、会長の人選を間違ってはいけない。お互いが不幸になることは目に見えて分かっていることだからだ。本来は、クラブ会員全員による選挙が望ましいのかも知れないが、情実に左右される日本では難しい話だろう。大体が根回しによって決着するのが通例だ。

あるクラブの会長に、複数のクラブからクラブ創立〇周年記念祝賀会を一緒にやろうとの呼びかけを断った変人がいた。その人は、世間（仕事）でも名の知られていない人だったが、ロータリーの世界でも同様で、誰も自分を知らないことをひがんでクラブの合同祝賀会の誘いをオジャンにしたのだ。会員はがっかり、クラブはいい迷惑を被った。

会長職に就任するということは、クラブを代表する者として、それをいかに前向きに楽しんで、ロータリアンとしての満足が得られるかがロータリアンの醍醐味なのだ。ある者はその地位を足掛かりにして行政職（市長や市会議員等）に転進する。経済界の重鎮（商工会議所会頭等）に進んでいく場合もある。いずれも悪くはない。僕は、その両方のいずれにも進出し、活躍している人たちをたくさん知っている。

会長職の一番大切なことは、クラブの一年間の目標を掲げ、その実現のために計画を練り、クラブ会員の参加・協力を得ながらそれを達成していくことだ。任期はたった一年。その中で会員の思い出に残る充実した成果を達成できれば成功、出来なければ失政だ。事前準備を怠らず、でも独りよがりにならず、多くの会員の賛同を得て走り切る覚悟が必要だ。

僕の場合は、それを「会員増強」に絞ってやったのだ。

19　クラブ「会長」に求められる資質と器量

ところで、僕自身がクラブ会長や地区ガバナーを経験してきて感じたことがある。それは、自分の周辺にいる同じ立場の人間から集約される「リーダー」の資質あるいは器量といったものだ。僕もそれを具有している、という不遜なことを言うつもりは毛頭ない。むしろ、多くの有能な先輩会長や先輩ガバナーに触発されて、自分もそれに近づきたいと思ったことを明らかにしたいと思う。

そこで、クラブ会長を選ぶことの出来る立場の皆さんに考えて欲しいことは、現在のクラブの状況に鑑みて、「クラブ会長」の器（資質）に何を求めるかということだ。一度、入会三年未満の新会員を対象にアンケートを採ったことがある。テーマは「リーダーの条件」というものだ。君たちが憧れるリーダーにはどのような資質が必要か、を尋ねたのだ。その結果を要約しよう。

①　信任力

鹿児島・宮崎地方の方言に「大概」（テゲ）という言葉がある。

旧薩摩藩において、上級武士にとって部下を統率するうえで倫理用語ともいうべきほどに大切な言葉だった。上の者は大方針のおおよそを言うだけで細々《こまごま》とした指図はしない、そういう態度をテゲと言った。これは、イイカゲンとかチャランポランとかいった意味ではない。リーダーは基本計画を示したあとは部署をその責任者に任せて、自身は精神的な象徴性を保つだけに終始する、ということだ。イメージは西郷《せごどん》隆盛翁か。

世の中には陰湿な部内策謀力に長け、自分を頂点とする権力構造を作ることにかけては名人という者もいるが、リーダーにはこのテゲの人格（信任力）が必要だと思われる。

② 余裕力

日本人よりも中国人の方が好かれている、という話を聞くことがある。

その理由は、中国人はいつもリラックスしているが日本人は常に緊張している。それはいつもさまざまな「公《おおやけ》」の意識を背負い、常時自分と他人を比較して競争的、戦闘的な緊張を強いられているからだというのだ。そこへいくと中国人は歯痒いほどゆったりしていて、その時々に多少の懸念を感じることがあっても、ほぼ天地自然とともに呼吸し、「食ヲ以テ天トナス」（食えればいいじゃないか）という恬淡とした古来の風格を有しているというのだ。生きていくことに覚悟（余裕）があるということだろうか。

古いアメリカ映画の主題歌にもあった、

「ケ　セラ　セラ（Que Sera, Sera）」

とも同義（「なるようになる」、「物事は勝手にうまい具合に進むもの」、「成り行きに任せてしまうのがよい」、「明日は明日の風が吹く」）だ。真面目な日本人には、この思考は「無責任」と同質に理解され、受け容れがたいことかも知れない。これこそが窮屈な「公」の意識の元になっている。

下の者に安心感を与え、余裕を感じさせながらコトに当たるという器量（余裕力）はリーダーに不可欠のように思う。
③　柔軟力
「倜儻不羈」（てきとうふき）という漢語がある。

独立心があるとか、志が大きいとか、枠に嵌《はま》らないとかの意味だ。かの大隈重信公が自身の出身藩である旧肥前佐賀藩の政策を批判して、

「一藩の人物を悉《ことごと》く同一の模型に入れ、為《た》めに倜儻不羈の気性を亡失せしめたり」

と憤慨し、これが自由と多様性を標榜した私立・早稲田大学を創設した動機になったとも

伝えられている（早稲田大学史編集所『大隈伯昔日譚』〔所収『大隈重信叢書』第三巻〕早稲田大学出版部 一九六九年）。

この言葉にもあるように、世間や人間を見る場合、自分の思想にこだわった小窓から覗くことをせずに、自分の思想に合わない人間も、そこに魅力を感じれば登用していくという自由で柔軟な思考（柔軟力）こそが大切だとする考えだ。自分の考えばかりに凝り固まった頑固・偏屈とは無縁の思考だ。

④ 知名度

その人物にはクラブの外部に良好で豊かな知名度がどれだけあるかということだ。

かねてより、ロータリーが苦手とする行動のなかに「広報」がある。広報とは、組織の内側から外側に対して有益な情報を発信することをいい、その組織の活動等を知らせるために大切な行動である。それと同様に大事なのが、組織の外側の人々がその組織体をどのような存在として見ているかという「公共イメージ」だ。

そのイメージ・アップを図る一つが、新しいクラブ会長の誕生というニュースである。その会長の善良な知名度が、以前からクラブの外部、特に地元に広く知られていることは、クラブにとっては何にも増して説明のいらない広報にもなるのである。

昔から地元に名前がある、人脈、地縁がある、ということは外部の人々にとって大きな情報であり、あの人が会長を務めているクラブならばきっとこういう組織なんだろうという「会長の評価」イコール「クラブの評価」のイメージが形成されることになる。したがって、クラブの外部に圧倒的に良好で豊かな知名度のある人物が会長になることこそが、そのクラブのイメージ・アップに絶対的に必要なことだと思う。

⑤　健康と性格明朗

その人物は、心身ともに頑健（パワフル）であることだ。

特に、体躯の健康は必須だ。健康の度合いは、人間の性格形成にも影響があるはず。会長職は激務だ。会長に会うたびに元気がないな、と心配されるような人は資格がない。名は体を表し、体はその性格を現す。その人の雰囲気、風格こそは皆の安心感に繋がっていく。その基本は健康であること。気力、体力、健康は明朗な性格に繋がる。組織の長の性格が明朗闊達であることは最低の条件だと思う。

⑥　清廉性

その人物は、私利私欲に無縁であることだ。

クラブの現況を理解し、かつ会員の多様性を認め、クラブ全体を纏めていく力量の発揮には私心があってはならない。一部の少数グループのみと連《つる》み、それと癒着し、その言いなりになることで、クラブ運営を御する人物は避けなければならない。

組織が適切に稼働するためには、ⅰ組織の構成員の意識の連帯、ⅱ情報の共有、ⅲ行動の連携、が重要だ。会員全員と平等に付き合える、常に全体の利益を考えられる清廉な資質が必要であると思われる。

⑦ 高潔性

その人物には、品位（高潔性）があるかということだ。

高潔性は、「それがなければ何もないのと同じ」と言えるほど重要な要件だ。ロータリーも、その中核的価値観の五本柱の一つに高潔性を置いている。

白洲次郎氏の言う「ノーブレス・オブリージュ（noblesse oblige）」の精神[36]は、奉仕団体であるロータリークラブにとってのレゾンデートル（存在意義）だ。奉仕活動に燃える真面目な新会員が憧れとともに入会し、その人物の成長を促していくのがロータリーだ。その組織の長である人が高潔でなければ始まらない。そこに政治や駆け引きは無用だ。

---

36 一般に「位高ければ徳高きを要す」または「財産、権力、地位の保持には責任が伴うこと」と訳される。

ピュアな気持ち、態度でクラブ運営に当たることが肝心なことだと思う。

⑧　自主性・自立性・自律性

せっかく新しい人物を会長に担ぐのだから、従前からのしがらみのない、御意見番（パスト会長）からのリモコン操作の及ばない新進の人物を選ぶべきだ。そして、その後、新会長は新しいクラブスタッフを選ぶ。そこにこそ、本当の適材適所を図り、新しい時代を築いてくれる期待感を持った人物を選んで欲しい。僕は、ロータリアンの多様性を認めている。その能力も信頼している。自分の好き嫌いを基準に人事を行うことは避けなければならない。人物の信頼度と能力本位で人事を行うべきだ。

⑨　包容力

僕がクラブ幹事であったときのこと。クラブで「一〇〇％出席例会」というのを企画した。その頃、クラブの会員数は七二人、通常の例会出席率は約七〇％くらいだった。そこで、ある例会（集まりやすいように夜間にした）だけは、会員全員が集まらなければならない一〇〇％出席例会というのを企画して、クラブ会員の結束を高めようとの作戦だった。

会員のうちには、当日どうしても出張が入っているとか、現在病気療養のため入院中だとか、の当日欠席を事前に言ってくる人もいた。その人への対応は、会長、幹事が当日前の一週間を使って、その人に直接会いに行き出席の代わりの証拠写真を撮ってくるという念を入れた。

例会では、ステージ上に会員全員の名前を書いた長い巻き紙を用意し、会員が来る度に、その名前の上に赤い花を付けていく。そうだ、大型選挙の際に候補者の名前を書いた紙を貼って当選者が出る度に党首が赤い花を付けていくアレを真似たのだ。最後の出席者（眼科医OMさんだった）が一時間遅れで例会場に現れたときは、会員全員で拍手喝采、万歳三唱。例会は大いに盛り上がった。

この場面を証拠に残そうということで、事前に、非常識にも時のガバナーUT氏（自動車販売）に事情を話し、この例会に立ち会ってくれないかとお願いした。

クラブ会長のITさんは、

「こんな企画にガバナーが来てくれるはずがない。図々しいヤツだと怒られるぞ」

と忠告してくれたが、僕は聞かなかった。

「UTガバナーなら分かってくれるはず。失礼ながら彼の包容力を試そう」

当日、ガバナーUT氏は、自らクルマを運転し（職業柄、通常は運転手が付く人だ）、例会場にやってきてくれた。僕は、そのとき初めて自分もガバナーになりたいと思った。

「いつかはガバナーになりたい。そのときの目標はUTさんだ」

後日談がある。その年度内に、ある地区行事でUTガバナーにお会いした際、UTガバナーはこう言ってくれた。

「あの例会は良かった。記憶に残る例会だった。君は頑張っている。もし君にその気があるならば、君をガバナー候補者として僕の記憶に留めておくよ。早くクラブ会長になりなさい」

僕は、二つ返事でそれを了承した。

それから八年後、僕はUTさんの推薦でガバナーになった。

⑩ 先進性

僕がクラブ会長だったときの幹事はHMさんだ。その五年後、HMさんはクラブ会長に就任していた。

ある日、彼がこう言ってきた。

「田中さん、あなたが会長年度のときに積み立てた積立金五〇〇万円を使わせてくれませんか?」

僕が会長年度のときに、一年の純増会員数は五一人だったが、新会員は全部で五三人入っている。クラブへの入会金は一人一〇万円だから、トータルで五三〇万円の使い道のない臨時収入があった。それを「未来のための積立金」として預金していたのだ。

「何に使うんだい？」

「『高崎ロータリークラブ基金』というのを創設したい」

「これまでは各種の団体から申し込まれるままに少額の資金援助をしてきたが、それがその団体にとって本当に役に立っているものなのかが分からない。そこで、これからは基金を作って本当に資金の必要な団体を選び、そこに集中して必要とされる資金を拠出しようと思っている。その原資に使わせてもらいたい」

と宣《のたも》うた。

「継続事業になるのなら五〇〇万円ではすぐに涸渇しちゃうぞ」

彼は一四〇人の会員数をバックに、

「これからは、毎年度、会員一人当たり一万円程度を募金してもらえれば充分に継続してやっていけると思う」

と算段している。

僕はＯＫを出した。あとは次年度以降の会長たちともよく話し合って、本当に手を差し伸べたい団体に生きた資金の提供を頼む、と言っておいた。

いまでは、この基金の存在は地元に知れ渡り、高崎クラブの顔ともいうべき奉仕事業になった。ロータリーらしい素晴らしい奉仕活動ができている。地元のマスコミもクラブ基金の存在とその募集期間を告知する記事を掲載してくれるようになり、ロータリーの公共イメージの向上に役立っている。

この企画は、奉仕に関する資金提供を活性化した好例だと思う。漫然とこれまでの慣習に乗っかっているだけではなく、自分たちで新しく考えたことを実行すること（先進性）が大切だ。

以上、クラブ会長に求められるいくつかの要件を揚げた。次年度クラブ会長を任される会長エレクトの皆さん、貴方たちはこれらの要件に合致しているだろうか？　会員の皆さんから選ばれた人たちだ。きっと不足はないだろう。皆さんの健闘を祈るばかりだ。

これを間違うと、周りからは「アホクラブのバカ会長」と陰口を叩かれることになる。ご注意されたい。

20 「地区」の組織と役職（その1）

ロータリーの構造（役職・組織）についての説明を続けよう。

① 地区（District）

ロータリーには、クラブを一定数のサイズで束ねる「地区」という組織がある。

現在、日本にはその地区が三四あり、おもに都道府県単位でそれが決まっていると言いたいところだがそうではない。

例えば、北海道や東京都にはそれぞれ二地区がある。一方、福井県・京都府・奈良県・滋賀県の四府県は全体で一地区、四国四県は全体で一地区というバラツキがあるのだ。その区割りはすべて国際ロータリー（ＲＩ）が決めており、原則として一地区は一一〇〇人以上のロータリー会員が必要であり、それ未満になると他の地区との併合が進められる。反対に、あまり大人数の会員を擁するようになった地区は、二つに分割されることがある。

また、会員数だけではなく、地区内のクラブ数にも一つの地区を維持できる最小数、最大数がある。

僕らは一定数のクラブを束ねるこの組織を「地区」と呼んでおり、全世界の地区を「通し番号」で呼んでいる。例えば、僕の所属する地区（群馬県）は、現在約二一〇〇人の会員がいるため独立した一つの地区として構成されているので、「国際ロータリー第二八四〇地区」と呼称している。

i　ガバナー（Governor）

こういった一つの地区を指導・監督するために、地区内の選挙によって選出される一人のロータリアンを「ガバナー」という。直訳すれば「知事」だ。ガバナーは地区におけるその年度（任期一年）のＲＩの唯一の役員でもある。

ガバナーになる資格要件は、概ね、ⅰガバナーの任務と責務を果たす意思があり、身体的にもその他の意味においてもこれを果たすことができること、ⅱクラブの会長を全期（一年間）瑕疵《かし》なく務めていること、ⅲロータリー歴が通算で七年以上あること、などが求められる。

ガバナーに就任する前々年度の役職をガバナーノミニー（ＧＮ Governor-Nominee）といい、前年度のそれをガバナーエレクト（ＧＥ Governor-Elect）という。いずれの役職も、ガバナーになるための準備期間だ。その期間内に、自身がガバナーになったときの一年間の構想を練っておく。RIの方針、自地区の状況などに鑑みて、地区内のクラブ、会員たちを鼓舞するテーマや方向性、具体的な施策などを立案するための準備時間に使うのだ。

ハイライトは、ガバナー就任の前年度（つまり、GE年度）に実施される「国際協議会」への参加だ。通例は、ガバナーへの就任が認められるために必須の最後の条件が、この協議会への参加だ。通例は、ガバナー年度を迎える年の一月か二月の一週間、アメリカのいずれかの都市に、世界中のGEたちとその配偶者たち（パートナー）、そしてRIの役員たちのおよそ二〇〇〇人が、一堂に集まっての会議が行われる。その詳細は別の章に譲る。

さて、現在、全世界には約五三〇の地区があるため、ガバナーもそれと同数の人数が存在することになる。ただ、日本全体では地区数は三四のためガバナーも三四人だけとなる。

ガバナーの下には、その全体的なサポート役を担う「地区幹事」（一人）と、さらにその補助役を担う「地区副幹事」（一〇人程度）、そして「地区会計長」（一人）が配置される。ガバナー、地区幹事、地区会計長をもって、地区の三役と呼んでいる。

ガバナーの職務は多岐にわたるが、地区内のクラブに対する指導、啓発および監督を行うことで、ロータリーの目的を推進する任務を課されている。

実際、自分の例であるが、僕はガバナー任期の一年間で約二〇〇回のロータリー行事

（国際ロータリー、日本ロータリー、地区、クラブが主催する各種行事）に参加した。その行事開催場所への移動日を含めれば、およそ二五〇日はロータリー漬けの日々であった。まあ、本業は疎かになるのは間違いないことだ。それは覚悟のうえだ。

ある先輩ロータリアンのＯＴさん（室内装飾）が言ったことを思い出した。

「ガバナーになるのには健康でなければならない。激務だから身体的な健康はもちろんだが、もっと大切なのは経済的な健康の方だ」

……その後ＯＴさんは、自らの身体的な健康悪化を理由に退会していったけど。

確かに、本業が手薄になれば手許のお金は回らない。それだけの蓄えとガバナー退任後の立て直しが可能でなければならないのだ。

また、別の先輩パストガバナーＦＫ氏（不動産）が言ったことも思い出した。

「ガバナーは『終身刑』だからね」

その意味がようやく分かってきた。ロータリー行事への参加経費が掛かるのは、ガバナー年度の一年間だけではない。その後も死ぬまでパストガバナーとして、各種の経費が掛かるということを。その意味でガバナーは「終身刑」なのだ。

ロータリーは自分が奉仕する団体だ。自分が奉仕される団体ではない。原則として、ロータリー行事への参加経費はすべて自腹であることには、誰も異論は唱えない。いや、経費負担への異議なんて考えも及ばないことだった。

ところが、最近ロータリーに入り、地区役員になった元国家公務員（税務署職員）のロータリアンが、とある会議の席上こう言い放った。

「出張旅費は出ないのか？　日当は出ないのか？」

これには心底驚いた！　ロータリアンの常識が変わりつつあることを痛感した。

思わず口に出た。

「ヤツをロータリーに紹介したのは誰だ！」

ところで、ガバナーは、ロータリーの行事に参加すれば、必ずトップバッターで挨拶することが求められる。毎回、同じ挨拶をするわけにはいかないが、毎回、準備するのも面倒だ。そのうち、挨拶の指名を受けてから壇上に登るまでの十数秒の間に、頭のなかで挨拶を考えられるようになった。この経験から、僕はいまからでも噺家《はなしか》になれるという自信を得た。噺家になることは、僕の子供の頃からの夢だった。やっと、少し近づけたのかも知れない。

ii　ガバナー補佐（AG　Assistant Governor）

また、ガバナーが統括する地区内のクラブ数は膨大であるため、地区内の一定の範囲を区割り（「分区」や「グループ」という）にして、ガバナーがその範囲内のクラブの統括・監理を委任する役職者を「ガバナー補佐」という。ガバナー補佐になる資格要件は地区によって異なるが、二八四〇地区では、概ね、ⅰ少なくとも三年以上ロータリアンであること、ⅱクラブ会長を近年務めていること（およそ五年以内）、ⅲメールが出来る程度のコンピュータ能力を備えていること、ⅳ「RLI」[37]セミナーを修了していること、ⅴこれまでに地区活動において顕著な功績を残していること、などが必要になる。

ガバナー補佐の役割は多岐にわたる。統括する範囲（分区）の各クラブへの定期的訪問、各クラブと地区との連絡役、各クラブリーダーの指導、各クラブに内在する諸事情の精通、地区活動等への各クラブの参加奨励などだ。

僕には、ガバナー補佐の経験はない。クラブ会長年度に一足飛びにガバナーノミニー・デジグネート（ガバナー候補を指名された者）になったので、ガバナー補佐になる期間が

37 「ロータリー・リーダーシップ研究会」の略。ロータリアンの知識を啓発し、将来のクラブ指導者を養成するためのセミナーを開発している。

なかったのだ。それでもパストガバナーになってから、そのことを知らない現役ガバナーからの依頼で、「ガバナー補佐の心得」なるものの講座を引き受けたことがあった。

考えたうえに話したのは、「政治家秘書の心得」だ。政治家の秘書に求められる行動は、大将の「目、耳、手、足」になること、それに徹することだと説いた。ご賢察の通り、このなかに「口」はない。人間は話すとどうしても自分の感情が移入する、政治家は発した言葉、その内容が重要な意味を持つ。それを秘書が自分の口で口伝することによって曲折して伝えられることがあるかも知れない。それを注意して欲しい、との意味を込めて講演をした。講演終了後、TYさん(プラスチック加工)が飛んできた。彼は、とある町の元町会議員さんで、僕のガバナー年度のガバナー補佐を務めてくれた人だ。

「田中パストガバナー、良く言ってくれた。ガバナー補佐役の職務についての適切な提言だ」

と褒めてくれた。

自分もガバナー当時、あるガバナー補佐の無責任な一言で、彼が統括する分区のクラブ会長たちが僕の意向に反する行動を選択し、結果、地区に多大な損失をもたらしたことがある。口は災いのもと。特にガバナー補佐に就く人は人生の先達者、年配者が多い。自らの知識、経験を元にして勝手に判断することが、ガバナーの意向と違背することがあるかも知れない。要は、誰でもその役職の意味を考えて慎重に行動するべきだということを話したかったのだ。

21 「地区」の組織と役職（その2）

「地区」も、さまざまな委員会によって構成されている。

各委員会の構成員は、地区内各クラブからの出向者によって務められており、地区運営の重要な職責を果たしている。ガバナーはじめ地区における各種役員は、自クラブの運営以外に地区の運営にも携わることになり、極めて多忙な一年を過ごすことになる。

地区委員会の組織は、クラブのそれに近い。ただ、地区特有の委員会もあるので、ここではそれら特色のある委員会を説明しよう。

②「ロータリー財団委員会」

地区には、ロータリー財団委員会という組織がある。

「ロータリー財団」は、「The Rotary Foundation」（ＴＲＦ）[38]という。ロータリー財団の構成員（株式会社の株主に相当）は、国際ロータリー（ＲＩ）ただ一つなので「国際

38 ロータリー財団の標語は、「世界でよいことをしよう」（Doing Good in the World）である。

ロータリーのロータリー財団」と定義される。そして、財団の管理運営をしているのが、ＴＲＦの「ロータリー財団管理委員会」だ。財団の管理委員（株式会社の取締役に相当）は、ＲＩ会長が推薦してＲＩ理事会が選出する。つまり、財団はＲＩの一〇〇％子会社のようなものだといえよう。

　現在のロータリー財団の財務は、純資産約一一億五〇〇〇万ドル、年間の収入は三億六〇〇〇万ドルで、ＲＩの純資産一億四五〇〇万ドル、年間収入一億一三〇〇万ドルを大きく上回っている。いまや、子会社のほうが大きくなったということになる。

　ロータリー財団の創案は、今では財団の父と呼ばれているアーチＣ・クランフによる。彼は、クリーブランド・ロータリークラブの四代目会長として活躍し、「寝ても覚めてもロータリー」と自称するほどロータリー活動に打ち込んだ。

　クラブ会長としての最後の演説は、

「クラブが今後多くのことができるように基金を作ろう」

だった。これがロータリー財団の嚆矢《こうし》になった。

　その後クランフはＲＩ会長に就任[39]し、勇んで基金設立の提案をしたが、この提案に対して周囲の反応は全くの無関心だった。クランフは絶望する。そんな彼を見て不憫と思ったあるクラブ[40]が、当時、退任するRI会長に記念品を贈るという慣習を利用して、クラブへの記念品を購入した代金のお釣りを基金に入れることにした。その金額は、僅かに二六ドル五〇セント……、日本円で三〇〇〇円弱だった。

こうして最初の種が蒔かれ、ロータリー財団が誕生することになる。いまではロータリー財団は、米国の慈善団体を評価する独立評価機関「チャリティナビゲーター」から一三年連続で最高ランクの四つ星を獲得していて、「世界を変えている慈善団体」の第三位に選ばれている。

こうしたロータリー財団への寄付を増進し、またそれが集められたあと三年後に各地区に戻され、各クラブに配分される資金の管理を行うのが地区のロータリー財団委員会だ。つまり、「寄付を集める活動」と「寄付を使う活動」の二つの側面を統括する委員会だ。この委員会を頂点として、いくつかの各種委員会がその活動の全般を管理・運営している。数ある活動のなかの二つだけ説明したい。

39　一九一六～一九一七年度のRI会長
40　カンザスシティ・ロータリークラブ

ⅰ　ポリオプラス・プロジェクト

「寄付を集める活動」の側の委員会の代表が、ポリオプラス委員会だ。ロータリー財団の最優先事項は、地球上からポリオ（小児まひ）を根絶することだ。プラスとしたのは、ポリオのほか、はしか、ジフテリア、破傷風、百日咳、結核を含めての活動を指すことによる。

ロータリーは、一九八五年のRI理事会の採択により正式にこのポリオ根絶活動を始めた。当時一二五ヶ国に三五万人以上の感染者がいたが、現在ではWHO、UNICEF、ビル&メリンダ・ゲイツ財団なども支援に加わり、毎年僅か二ヶ国において十数例の症例が報告されるまでに減少した。残された二ヶ国はパキスタンとアフガニスタンであり、いずれも国際的な紛争地域のためこの活動が満足に行えない実状がある。

このポリオに関連した逸話に、僕が思わず涙した話がある。しかも涙を流したのは、僕のガバナー年度の地区大会の最後の場面だ。目の前には約二〇〇〇人のロータリアンが大会最後のフィナーレを待っている。そこで紹介した話が次であって、僕はこれを壇上で読み上げながら泣いたのだ。

「ロータリー『最良の時』……

その先頭にいた母親が手渡した先には、ＲＩ会長ジェームス・ボーマー[41]の姿があった。いたいけな赤ん坊の顔を見ながら、ボーマーは、その子の舌にそっとワクチンを二滴垂らすと、母親に返した。

そのとき、ボーマーは誰かが自分のズボンを引っ張るのを感じた。見ると、そこには車イスに座った幼い少年がおり、その腕と足はポリオによる麻痺《まひ》で萎《な》えている。

少年はボーマーにこう言った。

『ありがとう。ロータリー、ありがとう。その子は僕の妹なんだ』

思いもよらないこの少年の言葉が、ボーマーに、そしてロータリー全体に最も深い影響を与えることになる」

また、泣きそうだ。

ii　青少年奉仕プロジェクト

かつては、新世代奉仕と呼んだが、現在では青少年奉仕と呼称している。ロータリーに

41　一九七九～一九八〇年度のＲＩ会長

は、未来を担う青少年に対する各種のプロジェクトがあって、その運営を行う委員会がある。そのいくつかを説明しよう。

（1） ロータリー青少年交換

ロータリー青少年交換は、一九七四年にRIが採択したプログラムである。古くは一九二〇年代にヨーロッパの少数クラブ間で始まり、その後、相互交換型で長期的かつ学問的な交換が好評を得てロータリー青少年交換の原型に発展した。

参加者は一五歳から一九歳までの学生に限り、海外の人々と交流し、外国での生活を通じて異文化を体験する機会を提供することで、青少年の国際理解と親善の精神を育み、平和の構築と維持に不可欠な異文化理解の養成を目的としている。

長期交換プログラム学生（一年）は、受入国で学校に通学すること、二ヶ所以上の家庭でホームステイすることが奨励される。短期交換プログラム学生（数日から数ヶ月）は、学校の休校中に行われることが多く、受入国の一つの家庭にホームステイする。

（2） インターアクトクラブ（IAC）

インターアクト[42]クラブは、学校や地域社会での課題に取り組むために結集する一二歳から一八歳までの青少年（中学生・高校生）で構成される。構成員（インターアクター）

は、クラブでは奉仕活動を行い、リーダーシップのスキルを身に付け、新しい友人を作る。「インターアクト」の名称はInternational（国際的）とAction（行動する）から成る造語だ。クラブは、所在する地区内の一つまたは複数のロータリークラブの指導・監督を受ける。

僕の経験は、僕がガバナーのとき、インターアクト委員会でうちの地区と交流のある台湾・新北市（国際ロータリー第三四九〇地区）の高校生を受け入れる事業だ。こちらのホストクラブは新田ロータリークラブ、委員長はIS氏（僧侶）、受入側は新田暁高校の生徒を中心としたホストファミリーだ。彼らを見ていると、どこの国にとっても、若者は国の宝であることが感じられる。青少年がある時期に多くの国際経験を積み、その体験を通じて相互の異同を知り、その認識を自身の将来に役立てるということは何物にも代え難い有意義な経験だ。そこから生まれるものは、友情であったり、感動であったり、若い時期にしか味わえない清新な体験だ。それをお手伝いできるロータリーは、青少年奉仕事業を各種事業の中核に据えて、彼らの明るい未来に期待を寄せている。こういった機会が彼ら

42　インターアクトは、一九六二年にＲＩ理事会において採択されたＲＩの常設プログラムである。

にとって素晴らしい経験になることを欲して止まない。

（3） ローターアクトクラブ（RAC）

ローターアクトクラブは、地域社会や国際的活動を通じて活動し、リーダーシップスキルを学び、専門職向上に参加する若い大人の組織である。以前は、参加者（ローターアクター）は一八歳から三〇歳までと定められていたが、二〇一九年、上限年齢の制限が撤廃された。ローターアクトクラブは、ガバナーによって承認されたあと、RIの承認と認定を経て設立される、RIの正式メンバーである。

（4） ライラ（RYLA）

RYLA（Rotary Youth Leadership Award）とは、「ロータリー青少年指導者養成プログラム」、通称「ライラ」である。一四歳以上の青少年たちを集め、未来を担う人材を育成するための指導力を開発するプログラムである。

僕の地区では、通常一泊二日の研修を経て、参加者の次世代リーダーとしての自覚を促し、行動を起こす勇気を授けることを目的としている。参加者は、インターアクター、ローターアクター、米山奨学生、ロータリアンが経営する会社の若手社員などだ。

ある年度に、僕がパストガバナーとして担当させられたのは研修会の講師だった。しかもその回は、ゴルフ場併設のホテルに宿泊して、二日間ゴルフをしながら、仲間との友情や親睦、リーダーの資格などを学ぼうというものだった。そこで求められた講演テーマは、「ゴルフのルールとマナー～ゴルフを通じてリーダーの条件を知ろう～」というものだった。まったくの思いつきで三〇分ほど話したのだが、これがなかなか好評を得た。それを聞いていたロータリアンからは、是非、このテーマでうちのクラブでも卓話をしてくれ、との依頼が続いたのだ。

22　日本ロータリーの組織と国際ロータリー（ＲＩ）の組織

全世界には、およそ五三〇の地区（District）、三万七〇〇〇のクラブ、一二〇万人のロータリアンがいる。そのうち日本には、三四の地区、およそ二二〇〇のクラブ、八万七〇〇〇人のロータリアンがいる。

日本の三四地区は、一都道府県につき一地区の割り当てではない。例えば、北海道は東西の二地区が存在し、東京都も二地区（東京の地区には沖縄県やアメリカ（グアム・サイパン）、ミクロネシア連邦、パラオ共和国も含まれている）、神奈川県や埼玉県も二地区に分割されている。一方、福井県・京都府・奈良県・滋賀県の四府県は全体で一地区、四国四県は全体で一地区、岐阜県と三重県は合わせて一地区、鹿児島県と宮崎県も合わせて一地区というようにバラツキがあるのだ。ここまでは前述したとおり。

世界レベルに話を戻すと、ＲＩの理事会は世界約五三〇の地区を三四の「ゾーン」（Zone）にまとめている。ゾーンはさらに四一の「地域」に振り分けられる。

三四ゾーンは、その半数のゾーン（奇数年は奇数ゾーンから、偶数年は偶数ゾーンから）から一七人の理事（任期二年、四年おきに一ゾーンにつき一人の理事）を指名する。その一七人の理事とRI会長と会長エレクトの一九人でRI理事会が構成される。

RI理事会は、ゾーンを少なくとも八年おきにゾーン内の会員数をほぼ等しくするためにその構成を見直すことにしている。

現在、日本にはゾーン1、2、3と呼ばれる三つのゾーンがある。大雑把な区分けは北日本地域（北海道、東北地方）で一つ（ゾーン1）、中日本地域（関東、北陸、中部地方）で一つ（ゾーン2）、南日本地域（近畿、中国、四国、九州地方）で一つ（ゾーン3）が配置されている。しかし、従前のゾーン1は日本の地区だけの構成だったが、二〇二〇～二〇二一年度以降は、ゾーン1にバングラデッシュ、パキスタン、インドネシアの六地区が組み込まれることになった。これもすべて日本のロータリアンが減少傾向にあり、一つのゾーンを構成するために必要な会員数（一ゾーンにつき三万五〇〇〇人以上）が不足したことに起因している。結果、日本は実質上二・五ゾーンに減少させられたのだ。日本ロータリーのRIでの発言力低下が避けられない事態になっている。ここに、日本のロータリーの喫緊の課題として、どうしてもわが国における早期の会員増強を必要とする理由があるのだ。

現在、日本のロータリアン数は約八万七〇〇〇人、三ゾーンを維持するためには一〇万五〇〇〇人（三万五〇〇〇人×三ゾーン）が必要だ。その差はあまりにも大きい。

23　クラブ会長の一年

二〇一四年七月、僕は高崎ロータリークラブの会長に就任した。これからの一年間を頑張っていこうと誓った。入会して一六年が経っていた。

まずは組閣人事だ。事前に幹事への就任をお願いしていたＨＭ君と相談しながら決めていく。理事会メンバーはほとんどが僕より若い人に交替した。クラブの会員たちへクラブのコア・メンバーの若返りを宣言した形だ。若い人を引き上げて、彼らの潜在能力と意欲に賭けた。

僕の生活信条は「たのしく、なかよく、かっこよく」の「たなか主義」だ。それを元に宣言したクラブ運営の目標は「楽しまなくちゃ、もったいない」だった。

第一の目標であった会員増強は成功した。一年で五三人を増強したが古くからの会員が二人亡くなってしまったので、純増数は五一人を達成した。日本はもとより世界でもナンバーワンの成績だった。高崎市の人口は僅か三七万数千人に過ぎない。会員増強が出来ない理由に、周囲の人口の少なさを挙げる人たちがいるが、それはあまり関係ないことを証明してみせた。クラブは年度末には一一五人になった（年度始めは六四人）。これには大いに満足したのと同時に、次世代を担う若い会員たちの自信に繋がった。やれば出来る、やったら出来た、と。その証拠に、現在の会員数（二〇二〇年六月末）は一四〇人（内女性会員一四人）に成長している。

また、女性会員も年度始めはゼロ人であったのが、一年後には七人になった。それ以来、近隣のクラブからは女性会員の口説き方を教えろ、とのリクエストが来るが、もったいなくてそんな簡単には教えられない。僕が講師として依頼される各地の会員増強セミナーにおいてだけ、そのノウハウは話すことにしている。これには、秘中の秘の有効な作戦がある。

その他、一年間の会長年度における記憶に残るイベントを紹介しよう。

①　新会員歓迎式

毎月、新会員が大量に入ってくる。その人たちを現会員たちに紹介するために、二ヶ月ごとに「新会員歓迎式」を行った。毎回、一〇人くらいの紹介すべき新会員がいる。式典は、昼の通常例会のときもあれば、夜間に例会を移してのこともあった。思い出に残るのは、俺は一〇〇人目でなければ入らない、と面白いことを言う青年社長ＹＫ君（警備）がいた。

HM幹事は、

「どうしましょうか？　彼の我《わ》が儘《まま》を聞きますか？」

と相談に来たが、予定の月の新会員は九人いて、九三番目から一〇一番目だ。九人は同時に入会してくるので着順（入会順）は自分で考えることだと言っておいたが、紹介の順番はちょうど一〇〇番目になるように配慮しておいた。本人は満足し、いまでも活躍してくれている。そして、どうせなら「会員一〇〇人達成祝賀会」と銘打って、夜間例会にしようと考え実行した。理由は何であれ、皆が集まって飲むのは楽しいはずだ。

また、ＩＹ君（電気設備）は、僕が一年間説得した挙句、やっと年度末の六月に入会してきた。入った途端、誰彼問わず皆から好かれ、まるで一〇年選手のような存在として扱われている。人間は、人から好かれるタイプの方が得をするという好例を教えてくれた。彼は、いま地区の米山委員として頑張ってくれている。

彼には忘れられない逸話がある。僕の自宅を新築したとき、彼の会社に電気工事全般をお願いした。完成引き渡し後、リビングの照明が頻繁に切れる。彼に相談すると、

「分かりました」

と言って、翌日、大量の電球を持ってきてくれた。電球切れの原因を調べるのではなく、電球を持ってくるという行為に、彼が皆から好かれる理由を知ったような気がした。根っからの天然なのだ。でもそれ以来、彼にこの種の相談はしないことにした。

② ガバナー公式訪問

一〇月にガバナー公式訪問があった。ガバナーは任期中、統括する地区内のすべてのクラブ例会に赴き、クラブの指導・監督をしなければならない義務がある。その昔なら、例会場の入り口には歓迎の横断幕が張られ、赤絨毯が敷かれ、クラブ幹部は総出でお出迎えをしなければならない時代があった。いまはだいぶ簡素化されたが、精神的には同じ質量だ。迎える会員の服装はもちろん正装だ。絶対、ノーネクタイなどの軽装は許されない。

その日は一日中フルタイムのプログラムが組まれる。例会時間が昼どきでも、その一時間前からガバナーとクラブ幹部との例会前懇談会が行われる。その準備はさらにその一時間前からだ。もちろん、そのクラブが属する分区のガバナー補佐は、その懇談会以降、終日同席しなければならない。そればかりか、その前週のクラブ例会にもガバナー補佐は事前にクラブに訪問して、次週は決してガバナーに対し粗相のないように、との訓示を垂れなければならない。

例会では、ガバナーから有り難い?指導を受ける。言うことは壮大だが、クラブには馴染まないレベルの話が多い。その後はガバナーを囲んで、全会員との合同写真撮影だ。撮った写真は、後日、会長がガバナー事務所[43]に届けることになっている。ガバナーは、自分の思い出に全クラブでの記念写真をアルバムにしたいのだ。

例会後は、クラブの会長、幹事、委員長、新会員たちとの協議会がある。ここでは、出席した全員からガバナーに対し日常担当している活動の現況報告を行い、ガバナーからはそれに対しての指導が与えられる。

通常ならばここでお開きになるのだが、管轄面積が広範囲にわたる地区になると、ガバナーはそのまま近くのホテルに宿泊して、翌日、また違うクラブへの公式訪問をすることになる。その場合、当然、夜はガバナーを囲んでの歓迎懇親会（酒宴）が催される。クラブの幹部は疲弊するが、でもたった一日のことだ。ガバナーにはそういった状況が連日してもたらされる。疲労困憊《こんぱい》のはずだ。肝臓も疲れるだろう。通例、ガバナーに就任する人

43　地区には、一年間ガバナーが執務する事務所を設けることが通例だ。最近は、ガバナーが変わるたびに事務所を移動するのは不便だということで固定事務所を設ける地区が増えてきた。

の平均年齢は七〇歳を超えている。立派な老人だ。公式訪問を原因とする任期中のガバナー逝去の知らせは珍しいことではない。

僕の会長年度では、事前に当時の地区ガバナーTM氏（土木工事）に頼んで許してもらったことがあった。ロータリーは職業人の集まりだ。仕事着こそが正装だ。スーツもあれば、白衣も、作業服もある。全員が仕事着で集まる「ユニフォーム例会」を許してもらった。

もちろん、返答はOK。当日は、皆がそれぞれの職場のユニフォーム姿でガバナーを迎えた。その時の合同写真はいまでも宝物だ。傑出した格好で来たのは、例の通信会社の群馬支社長のHTさんだ。彼は、なんとヘルメットを被り、安全靴まで装着したまるで電柱にでもよじ登るような格好で来てくれた。人間は性格明朗の人こそ、ハジケるときは臨機応変に応じられ、だからこそ大企業でも昇進できるのだな、と確信した。暗くてダメなヤツは、イジイジ、モジモジ、人の形振《なりふ》りばかり見て、無難にスーツで来るしか対応できない。スーツ姿は全体の中ではかえって目立っていた。自分が皆と一緒にハジケられないことを示しながら。

それにしても、ガバナーのTM氏は大物だと思った。クラブ会長のトンデモナイ申し出を平然と受け入れてくれた。包容力、余裕力を感じた。自分の年度のガバナーが彼で良かったと思った。いまでは同じパストガバナー同士、仲良くゴルフを楽しむ間柄だ。

およそ、パストガバナー（ＰＤＧ[44]）の皆さんは素敵な人たちだ。僕も数多くの先輩ＰＤＧに可愛がってもらっているが、全国に知り合いを持ち、さまざまな機会に情報交換が出来るのはありがたい限りだ。先日も、大きな地震があったときは、アッという間に多くのＰＤＧたちから無事を確認するメールが届いた。仮に、災害に限らず困難な状況に遭遇したときには、多くのロータリアンたちが応援してくれるだろう。

聞いた話がある。日本でロータリーのネットワークの素晴らしさが初めて世間に認知されたのは、一九二三年九月の関東大震災のときだという。東京全滅との速報が海外に伝えられると、すぐさま各国から救援の手が差し伸べられた。国際ロータリーから二万五〇〇〇ドルが贈られてきたのをはじめ、アメリカ各地から続々と義捐金や救援物資が到着した。そのクラブ数はアメリカ、イギリス、カナダをはじめ五〇〇クラブを超え、金額は約九万円（現在の貨幣価値に換算すると約一〇億円に相当するという）に達したという。当時は、

44　Past District Governorの略。

日本で最初のロータリークラブである東京ロータリークラブが創立（一九二〇年）されてまだ間もない頃だったので、ロータリーの強大なネットワークと世界中のロータリアンの善意に皆が驚いたのだ。

ロータリーのネットワークは一生の財産だ。

ゴルフ界の球聖ボビー・ジョーンズ[45]が言う

「人生の価値は、どれほどの財産を得たかではない。何人のゴルフ仲間を得たかである」

（ボビー・ジョーンズ著・シドニー・マシュー編・前田俊一訳『ゴルフの神髄』ＣＣＣメディアハウス社 一九九八年）の名言は、「ゴルフ」部分を「ロータリー」に置き換えても、僕たちロータリアンにはその意味は充分に通じるのだ。

③ 「六〇＋一」合同記念例会

「六〇＋一」を、「ろくじゅうぷらすわん」と呼んだ。つまり、クラブ創立六〇周年の一

45 ボビー・ジョーンズ（一九〇二―一九七一）は全米オープン、全英オープン、全米アマ、全英アマと当時のメジャー・トーナメントを全て同じ年（一九三〇年）に優勝した唯一人の年間グランドスラマーであり、生涯アマチュアを貫いたゴルファーだ。また、後日世界一のゴルフ・コースとなったオーガスタ・ナショナルを設計し、メジャー・トーナメントの一つとなったマスターズの創設とその後の発展に貢献した。

年後に行った記念例会、という意味だ。

うちの地区では、前橋ロータリークラブ、伊勢崎ロータリークラブとわが高崎クラブの創立時期は同一の年度であった。その六〇年後の記念のとき、前橋クラブ、伊勢崎クラブの両者から創立六〇年を記念しての例会を合同してやろう、との申し出があった。ロータリーの根幹は、仲間との親睦にある。両クラブは当然、高崎クラブはその申し出を受けると思ったに違いない。それを当時の高崎クラブの会長は断った。しかも、直接会っての弁明、謝罪ではなく、断りの文書一枚を送りつけただけという非礼を働いた。両クラブは間違いなく怒った。いや、呆れたはずだ。以後、両クラブは高崎クラブを敬遠し、僕ら地区に出向している者は大いに肩身の狭い思いをした。それを払拭し、再び平等の付き合いができるようになるためには、もう一度その企画を掘り起こして、こちらから改めて提案し、実行するしかないと考えた。

僕から、両クラブの会長、幹事に頭を下げ、再考をお願いした。

「昨年度は大変失礼をした。すべて謝る。でも今年度の会長は僕に変わっている。なんとかもう一度考え直してくれないか？」

そこは、やっぱりロータリアン。何度か話すうちに氷解してくれた。改めて三クラブが集まった際、僕はこう提案した。

「記念例会日は、伊勢崎クラブの例会日である水曜日でいい。会場は、前橋クラブの顔を立てて前橋市内の会場で結構だ」

両クラブは、こう聞いてきた。

「それで、高崎クラブは何を取る？」

僕は答えた。

「高崎クラブは下働きをさせていただきます」

これでまとまった。

それから数か月後のある水曜日の夜、前橋市内の宴会場で、三クラブ合同による「六〇＋一」合同記念例会が開かれた。大盛会だった。三クラブの会員数を合わせると約三〇〇人。もちろん、この元の企画をブチ壊した高崎クラブの直前会長は出席しなかったが。

例会中、ＵＴパストガバナー（伊勢崎クラブ）により、僕がガバナーノミニー・デジグネート（ガバナー候補を指名された者の意味）に就任したことの紹介があった。僕は立ち上がり、会場の皆さんに手を振って挨拶をした。

友人たちから声が掛かる。

「次回は、高崎クラブが例会日の日程か会場のどちらかを決めていい。それを順番にやっていこう」

今後、五年ごとにこの会をしようとまとまった。両クラブの会長はこうも言ってくれた。

人生の思い出に残る感激の一瞬だった。泣きそうになった。

「期待しているぞ！」

「頑張れよ！」

この例会では、クラブの野球部によるエールの交換をしよう、ということになった。前橋、伊勢崎の両クラブにはすでに野球部はあるが、うちにはない。高校時代に野球部だった若手会員ＹＭ君（製茶販売）に相談して、野球部を急ごしらえで形にしてくれるように頼んだ。記念例会まで残り二ヶ月くらいしかない。それまでに部員を集め、揃いのユニフォームを作る必要がある。心配は、果たして一チーム、九人以上が集まるかだ。部員が二〜三人では格好がつかない。

心配は杞憂に終わった。部員は四五人も集まった。でも野球経験者はわずかしかいない。皆が応援してくれて、野球の戦力には到底ならないシニア会員も意気を感じて大勢入ってくれたのだ。

会員でチームの監督を担当する大手ハウスメーカーの群馬支社長ＴＨさん（大学野球経験者）は冗談交じりでこう言った。

「高崎クラブの野球部は、部員数は多いが選手層は薄い」

一着三万円のユニフォームも例会当日の午前中に無事間に合い、揃いのユニフォームによる野球部のお披露目ができた。それから七〜八年経つが、あの日以来ユニフォームに袖を通していない部員は相当数いる。

一つのイベントの成功は皆の心を一つにする。こういう経験を繰り返すことが、ロータリーの悦び、人間の成長に繋がることを知った。

④　月見例会

一〇月に月見例会を企画した。大型バスを借り切って、伊豆長岡温泉に泊まっての一泊二日の研修旅行だ。

初日のハイライトは、静岡県の長泉町にある「米山梅吉記念館」[46]の見学とその近くに

46　「公益財団法人米山梅吉記念館」、米山記念奨学事業の構想の発端となった故・米山梅吉翁の遺徳を偲び、その偉業を顕彰することを目的に一九六九年に建てられた会館。館内は梅吉翁の生涯と日本のロータリーの歩みが展示されている。

ある米山梅吉翁の墓所へのお参りだ。せっかく長泉町まで行くのだからと、その記念館を例会場にしている長泉ロータリークラブに例会のメークを申し込んだ。快諾してくれたが、当日は二六二〇地区（静岡・山梨）のパストガバナーTM氏の卓話を聞くことになっているがそれでもいいか、とのお尋ねだ。もちろん断る理由はない。喜んで！と返答した。この機会が、その後、僕が尊敬するTMさんにお会いするキッカケになった。

当日、初めてお会いしたTMさんは大変上品な人だった。醸し出す雰囲気が僕らとは格段に違う。何故か彼の良い印象が僕の記憶のなかに深く刻み込まれた。

二日目はゴルフの予定だった。しかし朝から土砂降りの雨だ。皆、ゴルフはしたくないと言う。元はインターアクターだったというバスガイドさんに頼み、近隣の名所旧跡を調べてもらう。第一候補に上がったのが「韮山反射炉」だ。まだ世界遺産に登録されるだいぶ前のこと。僕も知らなかったが、昼食までの時間つぶしを兼ねて行ってみた。雨のせいか、一人のお客もいない寂しいドライブインのようだった。ここがいずれ世界遺産になるとは露程も思わなかった。その後、三嶋大社を参拝して、昼食はウナギを食べた。バスガイドさんが予約を取っておいてくれた「S家」は長い行列が出来ていた。

店の担当者が声を張り上げている。

「予約のない人は一時間半待ちです」

僕たちは事前の予約が効いて、即入店でき、ウナギを堪能した。僕の中では、ウナギは三島に限る、との感想を持ったが、いまでもクラブ内では、皆とあの時のウナギは旨かったと思い出すのだ。クラブ活動の頗《すこぶる》別品会《べっぴんかい》（旨いウナギを愛する会）設立のキッカケになった。

24　GN、GE年度の活動

ガバナーに就任する二年前の一年間はガバナーノミニー（GN）、一年前の一年間はガバナーエレクト（GE）として過ごす。目的は、ガバナーになるための事前準備だ。

僕にはその前に片づけておかなければならない問題があった。

当時、僕は奉職するTK大学の副学長だった。次の学長を選ぶ選挙が近い。そこに名乗りを挙げるかどうかを迷っていた。ガバナーと学長のどちらが自分の今後の人生に彩りが添えられ、楽しいかを見極めようとしていた。学長選に出ないとする選択は、同時に副学長はじめ大学内の役職からはすべて降板することを意味する。また学長になった場合は、ガバナーとの兼職は到底出来そうにない。物理的にこの二つの両取りは許されないのだ。どちらかを選ばなければならない。

少し悩んだ末に、僕はガバナー就任を選択した。

理由は、ロータリーがワールドワイドの組織であること（大学はその地域内の組織に過ぎない）、今後の人生にガバナーの経験がプラスに作用すること（学長期間は四年間、再選延長してもプラス二年間に過ぎない、退任すれば影響力はまったくなくなる）、なにより一緒に交流できる人たちが魅力ある職業人・実務家であること（学長が交流するのは学内の狭い範囲の教職員・学生・父母・OBたちだけに過ぎない）、が決め手となった。周りの人たちからはモッタイナイと進言されたが、田中さんらしい選択だとも言われた。

いまでもこの決断は正しかったと確信している。

GN時代はあまりセミナーや会合はなく、同期の三四人のGNとその配偶者の皆さんとの交流が中心であった。

GEになるとさすがにさまざまな活動が始まってきた。それを順序だてて説明しよう。

① 国際協議会

ガバナーの就任が認められるための最後のハードルが、「国際協議会」への参加だ。通例は、ガバナー年度を迎える年の一月か二月の一週間、アメリカのいずれかの都市（僕たちの年度はカルフォルニア州サンディエゴ市だった）に、世界中のガバナーエレクトたち約五三〇人、その配偶者たち（パートナー）、そしてRIの役員たちのおよそ二〇〇〇人が、一堂に集まっての会議[47]が行われる。日本を日曜日（日本時間）に発ち、翌週の日曜日（同）に帰国する丸々一週間のカンヅメ研修会だ。

まず、サンディエゴの会場のホテルに日曜日（米国時間）の午後に着いたときからスケジュールは始まる。出迎えてくれたのは、日本を代表するロータリアンの面々だ。元ＲＩ会長のＴＳ氏、ロータリー財団管理委員・元ＲＩ理事のＫＳ氏、現役ＲＩ理事のＳＴ氏、同エレクトのＩＫ氏などそうそうたる顔ぶれが揃っている。いやがおうでも、これからの一週間の研修が重要な意味を持っていることが想像され緊張した。

その晩は、世界中の国々のロータリアンたちが一堂に会して、それぞれの国の民族衣装を身に着けてのパレードが行われた。わが日本チームは揃いの紅白の法被《はっぴ》を調達しての行進だ。いろいろな国のＧＥたちとブロークンながら英語での挨拶とバッチの交換が始まる。

僕には、地区のパストガバナーＴＭ氏から命じられたミッションがあった。

そのミッションは、アメリカ・ジョージア州オーガスタから来ているＧＥを探すこと。そして親しくなって毎年四月にオーガスタでゴルフのメジャー大会が開催される名門のゴルフクラブでのプレーを斡旋してもらうことだ。そうだ、そのゴルフ場は、ゴルファーの憧れマスターズ・トーナメントが行われるところだ。一週間かけて探してみたが、ＧＥは

47　会議場の正面に次の言葉が書かれた横断幕が掛かっている。「Join Leaders, Exchange Ideas, Take Action」

一向に見つからない。

「ミッション・インコンプリート！」（映画『ミッション・インポッシブル』ならば、絶対「ミッション・コンプリート！」で終わるんだけどね）

ミッションは失敗に終わった。思い出に、会場ホテルの目の前にあるレストラン「カンサスシティー・バーベキュー・レストラン」（映画『トップガン』の舞台になった店）に行って、主演男優ＴＣが座ったとされる椅子に腰かけてきた。映画は違うけど、主演のＴＣは同じだからいいよね、と自分でもわけの分からないことを言ってこのミッションを諦めた。

翌日から本格的にＧＥ研修が始まった。ＲＩの方針、ガバナーの心得などそれなりに中身の濃い研修だ。それを担当してくれたのが、日本人三人のパストガバナーたちだ。彼らをＲＩ研修リーダーと呼び、僕たちより一週間も早く前乗りして現地に来ていた。本人たち自身の研修が行われるからだ。二週間も仕事を休むことになる。彼らもロータリーが大好きなのだ。頭の下がる思いがした。その中の一人、北海道・釧路のＡＫ氏（医師）にはその後もご指導をいただいている。僕の尊敬する大好きな先輩ロータリアンだ。

この研修のハイライトは、なんといっても月曜日の朝一番にＲＩ会長エレクトが発表するＲＩの「年度テーマ」だ。発表は、大音量の音楽とともに巨大スクリーンに英語、独語、仏語、日本語など世界中の言語で映し出される。僕たちＧＥにすれば七月からの自分の年度のＲＩテーマだ。ＧＥたちはこれを受けて自分の年度の地区テーマを決めなければならない。

僕の年度では、ＲＩのテーマは「ROTARY　MAKING A DIFFERENCE」（日本語訳「ロータリー　変化をもたらす」）だった。それを受けた僕の地区テーマは「ロータリーのある人生を誇りにしよう」とした。

僕はこう思った。「不易流行」という言葉がある。「不易」とは「永遠に不変の真理」であり、「流行」とは「流転し一時たりともそこに停滞しない変化」である。本来ならば対立する「不易」と「流行」はロータリーの歴史の中で合体し、ロータリーにあっては「不易」と「流行」は同義であり、万物流転のなかにロータリーの真理がある。根源的なものは「変化する新しさ」であり、それを包摂することが僕たちのロータリーライフそのものなのだ、と考えた。

さて、研修は毎日、午前中はＧＥとパートナーを集めての全体会議、午後はＧＥを十数人ずつ分けて、ＲＩ研修リーダーによる少人数の研修会が行われる。パートナーたちは別室での研修だ。部屋の後方にはRIの職員らしき人が控えていて僕らの応答を採点している気配だ。居眠りなんて決してできない。一コマ七五分の研修を夕方まで数回続ける。緊張の連続で、一コマが終わる度にグッタリした。

夜は夜で、連日、インフォーマルのミニ・パーティーだ。そこで、いろいろな国のGEたちとの交流が図られる。それも慣れない英会話だから意外と疲れるものだ。

たった一日だけ、中日《なかび》の水曜日の夜だけは自由時間が与えられた。そのときは、日本チームの大部分のメンバーでサンディエゴ市内の日本人経営の寿司屋を借り切って大いに飲んだ。連日は、外国人は毎日こんなものを食っているのかと思うほどの不味い食事の連続だったが、この寿司屋の料理は相当美味しく感じた。でも、日本で食べれば普通の味なんだろうけどね……。

最後の晩は、フェアウェル（サヨナラ）・パーティーだ。皆、解放感に溢れ大いに盛り上がった。

その半年後（二〇一七年七月）のことだ。RI会長（当時）のイアンHS・ライズリー氏からメールが届いた。RI会長エレクトのサムF・オオリ氏（ウガンダ、カンパリ・ロータリークラブ）逝去のニュースだった。

氏との思い出は、このフェアウエル・パーティーでのこと。僕たち夫婦が指名された丸テーブルにオオリ夫妻がいた。ワインでも飲もうかとボーイに注文する際、幾らかと聞くと、彼はこのテーブルはフリー（タダの意味か？）だと言った。昨日までは一本五〇ドルを払って飲んでいたボトルだ。最終日のことだからRIからのプレゼントかな、と思い同席のフランス人のGE夫妻としこたまワインを楽しみ、寝酒にともう一本フトコロに忍ばせて会場を後にした。

その席上、オオリ氏の奥さまらしき人に声をかけた。

「お隣の男性はご主人ですか？」

「イエス！」

「僕らと同じGEですか？」

「……」（答えない）

「それともRIの役員ですか？」

奥さまは、たった一言、小声でこう答えた。

「ノミニー……」

一瞬、理解できなかった時間が流れた。が、そのとき初めて彼が偉い人、RI会長ノミニーであることを知り、これはお近づきになるチャンスとばかりに、調子にのってオオリ夫妻に何度かお酌をしようとしたが、二人とも笑いながらそれを断った。後で知ったことだが、フリーの意味はそのテーブル内のチャージはすべてオオリ氏が負担することになっていたとのこと。大変まずいことをした。ご夫妻は日本人とフランス人が大嫌いになったに違いない。

後日、再会する機会を得て（アトランタ国際大会〔二〇一七年六月〕における日本人朝食会）、その際の非礼をお詫びしたが、彼は覚えていないと笑いながら話されていた。その直後に彼は亡くなった。申し訳ないことをした。オオリ氏のご冥福をお祈りしたい。

ようやくすべての研修が終わった。だけど日本チームの七割は体調を崩している。誰かが日本からインフルエンザを持ち込んだらしい。

帰りの飛行機のなかでは解放感に浸ってゆっくり休もうと思っていた。ところが、とあるGEの奥さまが体調を崩して機内はそれなりの騒ぎになった。偶然同乗していたRI研修リーダーのAK医師が付きっきりで治療をしていた。成田空港に着いたとき、その飛行機は乗客を降ろす前にその奥さまを担架に乗せて一番に降ろした。しかも、飛行機先頭の右側ドアを開けてだ。飛行機の右側ドアは緊急時のときにしか開けないと聞いていたから、奥さまの病状を心配した。後日、数日の入院のあと無事に帰宅されたことを聞き、家内ともども深く安堵したのを覚えている。

② PETS・SETS

GEは、国際協議会を経験した後に、地区内のロータリアンに対しその報告と共に、RI会長のテーマと自分の地区テーマとを説明しなければならない。それは、地区の幹部から始め、最後は地区内の全ロータリアンに対して行われる。川上から川下に至るまでの川の流れと同じだ。話の内容が薄まっていっちゃうのも同じだ。

最初は、ガバナー補佐を対象に、次いで地区委員長、その後地区委員会委員を含めてのセミナー（伝達）が行われる。これを「地区チーム研修セミナー」という。

その次が、各クラブへの幹部向けのセミナーだ。ロータリーの基本はクラブだ。そこにRIの意向とガバナーの意思が明確に伝わることが、年度の充実のためには何より重要だ。

そのセミナーを、PETS（Presidents- Elect Training Seminar、「ペッツ」と呼ぶ）とSETS（Secretaries-Elect Training Seminar、「セッツ」と呼ぶ）という。クラブリーダーになる会長エレクト（PE）と幹事エレクト（SE）対象の研修会だ。GEと彼らは同年度にガバナー、会長、幹事になる同期の桜だ。その年度を盛り上げるためには特別のキズナを得ておきたい。そういった趣旨から、当地区では一泊二日の伊香保温泉での研修会を企画する。ロータリーの勉強ももちろん大切だが、狙いはGE、PE、SEが心を通じる機会とすることだ。このセミナーを経て、PEとSEは自分のクラブの運営方針を決めていく。

ハイライトは、一日目の夜に開かれる大懇親会だ。宿泊する温泉旅館の畳敷きの大広間で、約一〇〇人のPEとSE、パストガバナーやガバナー補佐、地区の委員長など約一〇〇人を含めた次年度の地区活動を担う二〇〇人のロータリアンが宴会に興じる。GEの僕は、ステージで揃いのぐんまちゃん[48]Tシャツを着て、地区幹事HM君、地区副幹事一七人と「ぐんまちゃん」踊りを披露した。懇親会の開始三〇分前から練習したのだから、踊りはグチャグチャだった。でもその場を盛り上げたことだけは間違いない。

③　地区研修協議会

GE時代の最後の仕上げは、クラブのPE、SEを含めてのクラブの役員向けの研修会（地区研修協議会）を行うことだ。通常は、新年度が始まる直前の五月頃に行われ、参加

48　群馬県のご当地キャラクター

人数は五〇〇人くらいだろうか。

僕のGE年度の地区研修協議会の思い出は、会場は高崎音楽センターで、そのメイン講師に二六二〇地区（静岡・山梨）のパストガバナーTM氏をお呼びしたことだ。前述した僕のクラブ会長年度に伊豆長岡温泉へ月見例会に行った際、米山梅吉記念館で初めてお会いしたロータリー碩学《せきがく》の方だ。いつかこの人を僕の地区にお呼びし、その講話を披露してもらうとの夢が叶った。その後は機会あるごとにご指導いただいている。僕が尊敬するロータリアンの一人だ。

地区研修協議会には別の思い出もある。ロータリーには、「ロータリー・モメント」という言葉がある。自分のロータリーライフのなかで特に思い出に残る瞬間のことだ。

僕のロータリー・モメントの一つに、二〇一一年五月に行われた地区研修協議会がある。当時、東日本大地震の余波の残るなか、僕の奉職するTK大学の大きな階段教室を会場にして当時のGEのAS氏（医薬品販売）が主催した協議会だ。計画停電などで一時は開催そのものが危ぶまれたなかで当地区のロータリアンの総力を結集して開催した記念すべき協議会、それが僕のロータリー・モメントだ。

僕はその時、協議会の副実行委員長を務めていたが、その役職名は名ばかりで、仕事は主に壇上にある教壇のすぐ横でマイクやスクリーンの調整を行うものだった。自分が奉職している大学とはいえ各教室の機械操作はよく分からない。そこで、大学の事務職員で機械に精通している者をアルバイトとして雇い、その者と一緒に終日、教壇横に並んで座っていた。

その職員が、僕にそっと聞いてきた。

「田中先生は、このロータリーのなかではどういった地位にある人なんですか？」

僕は、地区の組織図を見せて、その一番下の小さな活字で書かれている自分の名前のところを指さした。彼は驚いたような目を向けて、再度僕に聞いた。

「先生が、この組織図の一番上に上がれるのはいつ頃になるのですか？」

僕は答えた。

「わからない。永久にないかも知れない」

彼は長嘆息した。

彼は、僕の大学でのポジション（当時は大学院研究科長をしていた。大学におけるナンバー３か４の地位だ）に照らし、「ロータリーは厳しい世界なんだな」との感想を持ったに違いない。この一瞬も、僕の隠れたロータリー・モメントだ。

この六年後、僕は組織図の一番上のガバナーになっていた。

25　生涯の思い出　ガバナーの一年

二〇一七年七月、僕は二八四〇地区のガバナーに就任した。ロータリーに入会してから一九年が経っている。年齢は六〇歳になっていた。

二〇一七〜二〇一八年度イアンＨＳ・ライズリーＲＩ会長は、当年度のＲＩテーマを、「ROTARY MAKING A DIFFERENCE」（「ロータリー　変化をもたらす」）とし、ロータリーとロータリアンが、時代の要請に従って変化をし、奉仕を通じて人々の人生に良い変化をもたらそう、そのためには、①年齢構成と男女のバランスを重視した会員組織の強化と、②ロータリーの公共イメージの認知・向上が何よりも大切であると述べた。

それを受けて僕は、当年度の地区テーマを「ロータリーのある人生を誇りにしよう」（Rotary's Mind is Our Pride. We are Rotarian. We are One.）とし、ⅰ仲間を増やし、ⅱ共に地域社会に意義ある奉仕活動を行うことによって、ⅲロータリーの素晴らしさを発信していく、という一連のサイクル（ⅰ→ⅱ→ⅲ）の循環を目指すことにした。

地区目標には、ＲＩと同じく①会員増強、②公共イメージ向上戦略の実践、の二点を掲げ、一年が終わったとき、この目標を達成し、満足感溢れた想いを地区の皆さんと共有したいと願った。

その結果は、①会員増強では、地区において一年間で五〇人の純増を果たすことに成功した。これは、全国三四地区のうち第四位の成績だった。また、②公共イメージ向上については、以下を実践することで成果を残した。

1　地区大会を開催し、坂本光司法政大学教授による講演を一般市民に公開した。

講演は私の古くからの友人、坂本教授による「日本でいちばん大切にしたい会社」だった。誰もが障害を持って生まれてきたいわけではない、どんな親も生まれてくる子に障害があったらいいと考える親はいない、と至極当然のことを話されていたが、そのような方たちを優しく雇用し、社員とその家族の幸福を一番に考える企業こそ社会的に有益で、存在意義のある会社なのだという内容だった。感動した。その後、何人ものロータリアンが彼の主催する「人を大切にする経営学会」に入会の申し込みをした。入会のためには既に会員である者の推薦が必要なのだが、皆から田中ガバナーの名前を書いておいたので、と事後承認の連絡があった。もちろん、一緒にやろうと返答している。

2　ロータリー・デーの各種行事（植樹、清掃活動、タオル贈呈等）を実施した。
3　ロータリー記念日[49]に「上毛新聞」誌への一面広告（地区内全四六クラブの紹介記事）を掲載した。
4　三種類のロータリー・ポスター（RI認証済み）を作成し、全会員に配布し、会員事業所への掲示を依頼した。
　このポスターは、同期のガバナーにもそのデータを贈呈した。版権は僕にあるが、もちろん無償で使ってもらった。地区によってはこのデータをベースにして地区固有のポスターを作成して会員に配布したところもあったと聞く。
5　「地区バッチ」[50]（ぐんまちゃん）を描いたウチワを作成し、各種イベントにおいて一般市民に配布した。
6　一年にわたり、毎週、「ぐんま経済新聞」誌へ地区内の全四六クラブを紹介する記事

49　ロータリーの創立日である二月二三日をこう呼んでいる。僕の誕生日でもある。
50　ガバナーは、任期中地区内の会員の意識をまとめるために、自らがデザインしたバッチを作成し会員に配布する慣習がある。僕の年度では群馬県のマスコット・キャラクター「ぐんまちゃん」をデザインしたバッチを作った。日本のキャラクターものは外国人には人気があった。

を掲載した。

7　各クラブが実施するロータリー・イベントを各種マスメディアに公開し、記事の掲載を依頼した。

僕は一年間を三ヶ月単位の四半期に分けて、各期の重点項目を示した。

第1四半期（七月～九月）は「クラブ公式訪問」の期間とし、分区単位による複数クラブ合同の例会形式を採用した。それは合同例会終了後に懇親会を開催し、クラブを超えた分区単位の会員相互の親睦関係を充実したいとの意向からだ。とはいえ、ガバナーと各クラブとの意思疎通も重要であると考え、この期間に地区内の全四六クラブの例会にメークをしてその補完を図った。

第2四半期（一〇月～一二月）のメイン・イベントは、二日間にわたる「地区大会」の開催だ。

地区大会（二〇四六人登録）は、新設の高崎アリーナで行なわれ、「上州高崎どですけ連」による阿波踊り、「高崎頼政太鼓」による勇壮な太鼓演奏、「襲雷舞踊団」の若者によるよさこいソーラン演舞、「TK大学吹奏楽部」によるファンファーレやBGMの演奏、「TK大学応援団」によるエールの披露、などのアトラクションもあって大成功に終わった。

僕が奉職するTK大学の学生を動員するのは簡単だ。部活の運営費を補助することと当日の昼食を約束すること。そしてもう一言発するだけだ。

「四年で卒業したいだろ？」

……もちろん冗談だけど。

また、各種表彰のときには、TK大学四年生のミス・ユニバース候補の女子学生を登壇させ、僕の隣で表彰対象のロータリアンに賞状や記念品を授与する手伝いをさせた。大変美しい人だった。これには遠く北海道・釧路から参加してくれたRI研修リーダーAKさんも大いに喜んでくれた。

尊敬するRI会長代理[51]のKS氏（当時・ロータリー財団管理委員・元RI理事）からは最大級の賛辞をいただいた。

「いままで十数回、各地の地区大会に出席したが、今回が最高の完成度であった」

打ち上げの懇親会では、高崎クラブの姉妹クラブである金沢百万石ロータリークラブの

51　地区大会にはRI会長が出席することが求められるが、世界に約五三〇あるすべての地区に出席することは不可能だ。そこでRIは、会長の代理を立てて地区大会に出席を要請する。その人（名代）を「RI会長代理」と呼ぶ。

面々も、金沢の花街から綺麗な芸妓衆を伴って参加してくれた。日頃見慣れない芸妓衆の華麗な唄と踊りに酔って、懇親会は大いに盛り上がった。

また初めての試みとして、大会プログラムと報告書に地区内の会員が経営する会社の名刺広告を募集したところ、約二〇〇社が協賛してくれた。いただいた広告料収入（二三七万円）は、現在、地区会計内に災害支援用の特別基金として積み立てている。

第3四半期（一月〜三月）は、分区単位による「ロータリー・デー[52]（Rotary Day）」の行事を実施した。ライズリーRI会長の希望により、多くの分区でロータリーを祝う記念の植樹や、地域での清掃活動や障害者施設等へのタオルの贈呈などの事業を行った。

ある障害者施設にタオル数百枚を届けたときのことだ。贈呈式が終わり、マスコミの取材も終わって、さあ帰ろうとしたときのこと。そこの施設長が現れ、改めてお礼の言葉を言いたいというので、関係者一同神妙な面持ちでその言葉を待った。

施設長は言った。

52 ロータリー記念日の周辺日に行われる記念の事業全般をいう。地域社会の人々にロータリーを知ってもらう各種のイベントのこと。

「ライオンズの皆さん、ありがとう……」

僕らは全員、ザ・ドリフターズのコントのようにずっこけた。

「ロータリーはまだ知られていない……」

僕らは施設長に丁重に訂正を申し出て、その施設をあとにした。

第４四半期（四月〜六月）は、分区単位または複数分区合同による「ＩＭ」[53]を開催した。ＩＭでは一年を振り返り、各クラブの会長が地区の二大目標であった①会員増強の結果と、②公共イメージ向上の成果を発表し、その後、一年間の反省と親睦を含めての懇親会も行った。

最終盤（二〇一八年六月）には、カナダのトロントにおいて開かれた「ロータリー国際大会」に参加し、世界中のロータリアンとともに国際色溢れた大会を経験した。

そのとき、台湾・台中港区ロータリークラブのパストガバナー顧清正（Tiger Ku）氏に出会った。キッカケは、トロント国際大会の開会式で隣同士の席になったことだ。台湾

53　インターシティー・ミーティング（ＩＭ Intercity Meeting）は、分区などある程度の範囲内のクラブが集い、会員相互の親睦とロータリー知識を広めることで立派なロータリアンを養成することを目的として行われる会合のこと。

らね。

の彼らは英語を話す。ゴルフの話で盛り上がった。だって、彼のアダナは「Tiger」だか

その後、彼とは山形の鶴岡ロータリークラブ創立六〇周年記念祝賀会で再会した。なんと、彼の台中港区クラブと鶴岡クラブは姉妹クラブだったのだ。しかも、私が敬愛するパストガバナーFK氏（鶴岡クラブ）とも昵懇の仲だった。世間は狭い。いや、世界は狭い。

爾来、彼との親交は続いている。二〇一九年九月にはうちのクラブ会員一二人を連れて台中港区クラブにメークに行った。台湾式の大歓迎をしてくれた。いまでも、毎朝八時には彼から「おはよう」メールが送られてくる。毎朝だ……。

ガバナーの一年をざっと振り返るとこんなところだ。応援してくれた多くの仲間には最大級の謝辞を贈りたい。

僕の人生において、この一年間は決して忘れられない最良の時間になった。

ロータリーは、僕にさまざまな思い出を与えてくれた。良いことも悪いことも、すべては限りある人生の彩りだ。ロータリーを知らなかったら、僕の人生はいかに無味乾燥としたものであっただろう。それを考えると、僕をロータリーに誘ってくれたMK社長には感謝の言葉しかない。

ロータリークラブに入って良かった。
そしてガバナーになって良かった。
次はあなたの番だ。ロータリークラブに入ろう！

あとがき

さて、皆さんに「ロータリーの魅力」は伝わっただろうか？

是非とも皆さんの人生にロータリーを加えていただき、その醍醐味を味わって欲しい。

ロータリークラブは一九〇五年、ポール・ハリス以下僅か四人で始めた会合だ。一世紀以上経ったいまでは世界の二〇〇以上の国・地域に一二〇万人以上のメンバーがいる国際的組織になった。

でも、ロータリーには課題もある。

一つは、会員の維持、拡大に苦戦していることだ。

一九〇五年のロータリー創立後、会員数は順調に拡大してきたが、ここ二〇年くらいの間はおよそ一二〇万人の会員数で足踏みをしている。特に、日本における会員数は減少傾向にある。一九九六〜一九九七年度に一三万〇六四九人を記録したのが最大で、その後はずっと減り続けている。いまではおよそ八万七〇〇〇人になってしまった。

僕がガバナーのとき、地区内の全クラブ会長四六人に対して「会員増強」について、どう方法を考えているかをアンケートに採ったことがある。その回答のなかで一番多かったのが、「現会員から最低一人以上の入会者の推薦をしてもらう」という安直なものだった。最近では、RIも「Each One, Bring One」（みんなが一人を入会させよう）という方針を打ち出した。僕には、選挙に負けそうな候補者の「あと一票です。最後のお願いです」と同じに聞こえるが。

ところが、同時期に地区内の全会員を対象にして採った別のアンケートでは、質問「貴方はこれまでに新会員を紹介したことがありますか？」に対して、「ある」と答えた人は僅かに四〇・四％しかいなかったのだ。この事実には大きなショックを受けた。

ロータリアンには友人がいないのか、「一業一人制」の習性がいまだに抜けないのか、ロータリーを他人に楽しませるのが惜しいのか、クラブを自分だけの秘密のソサエティーにしておきたいのか、その理由は分からない。「現会員から最低一人以上の入会者の推薦」に期待しているクラブ会長の面目は丸つぶれである。

もう一つの課題は、僕たちは「公共イメージ」を作るのが下手だ、ということだ。

かつて、イギリスの劇作家バーナード・ショーは、ロータリー主催の大会で講演の依頼をされたとき、次のように応じて、それを断ったと聞く。

「ロータリーはどこに行く？　昼メシを食べに行く」

つまりは、ロータリーなんて、ただ毎週例会という昼食会を開いている団体に過ぎない、と皮肉を込めて批判したのだ。

「ロータリーは何もしていない……」

これに、反論できない人は多い。

以前、僕が地区内のクラブの入会三年未満の新会員を対象に採ったアンケートに、「入会前に抱いていたロータリークラブのイメージ」について尋ねたことがある。

回答（多数順）は以下のとおりだった。

1　名士、地元有力者、社長、成功者、お金持ちの集まり（二四・七％）
2　会費が高い、お金がかかる（二一・〇％）
3　敷居が高い、堅いイメージ（一五・八％）
4　年齢層が高い（一二・六％）
5　例会・行事が多い、出席が厳しい、時間が取られる（一〇・七％）
6　地域貢献、奉仕活動ができる（八・四％）

マイナス・イメージの回答が多いことに愕然とした。

ロータリーはまだ正しく知られていない。ロータリーの公共イメージの向上は喫緊の課題だと思った。

ところで、僕たちロータリアンの見分け方は、胸に光る歯車模様のバッチだ。バッチを付けた人を見掛けると、僕たちはどこで会っても軽く会釈をして仲間であることを確認する。

一度、僕がバッチを付けてハワイのワイキキ通りを歩いていたときのこと。前から来たアロハ・シャツ姿のお爺さん（アメリカ人）に突然、声を掛けられた。

「日本人か？　ロータリアンか？　一緒にランチを食べないか？」

となったことがある。もちろんご馳走してもらった。バッチのおかげだ。

歯車模様のバッチがどんなものかを知りたければ、世界的に有名なKフライドチキンの店頭に立っている白髪、白髭《ひげ》、白いスーツを着た人形の左胸を見て欲しい。

そこにはロータリー・バッチが付いているはずだ。

著者プロフィール

田中 久夫（たなか ひさお）

【略　歴】

・1957年２月23日生まれ、群馬県高崎市出身

【現　職】

・高崎経済大学名誉教授・博士（経営学）

・新潟産業大学経済学部特任教授

・さくらジャパン税理士法人・税理士・社会保険労務士

・日本ペンクラブ会員

【ロータリー歴】

・高崎ロータリークラブ入会（1998)、会長（2014～2015）

・国際ロータリー第2840地区（群馬県）ガバナー（2017～2018）

・国際ロータリー第１地域ロータリーコーディネーター補佐（ARC）を経て国際ロータリー第１地域ロータリー公共イメージコーディネーター補佐（ARPIC）（2022～）

・（公財）ロータリー米山記念奨学会財務委員長、評議員を経て常務理事（2022～）

・（公財）米山梅吉記念館理事（2023～）

幻冬舎ルネッサンス新書　227

ロータリークラブに入《はい》ろう！

2021年6月2日　第1刷発行
2021年7月7日　第2刷発行
2021年8月30日　第3刷発行
2022年5月20日　第4刷発行
2022年8月8日　第5刷発行
2023年1月16日　第6刷発行
2023年7月28日　第7刷発行
2024年2月9日　第8刷発行
2024年5月29日　第9刷発行
2024年8月30日　第10刷発行

著　者　田中久夫
発行人　久保田貴幸

発行元　株式会社 幻冬舎メディアコンサルティング
〒151-0051　東京都渋谷区千駄ヶ谷4-9-7
電話　03-5411-6440（編集）

発売元　株式会社 幻冬舎
〒151-0051　東京都渋谷区千駄ヶ谷4-9-7
電話　03-5411-6222（営業）

ブックデザイン　田島照久
印刷・製本　中央精版印刷株式会社

Printed in Japan
ISBN 978-4-344-93397-2　C0295
幻冬舎メディアコンサルティングHP
https://www.gentosha-mc.com/